**LEILA EMAMI /
CLAUDIA SCHMID /
FENNA WILLIAMS**
Mörderischer
Jakobsweg

TÖDLICHE PILGERWEGE Wandern Sie mit Leila Emami, Claudia Schmid und Fenna Williams entlang der Mosel, der Lahn und des Rheins und entdecken Sie die Jakobswege der Pfalz, Hessens und Niedersachsens. Denn viele Wege führen nach Santiago de Compostela. Sie beginnen genau da, wo Sie losmarschieren! In diesem »mörderischen Reiseführer« erzählen die Autorinnen von der Leidenschaft des Wanderns und zeigen gleichzeitig die vielfältigen Möglichkeiten, die vor der eigenen Haustür lauern – pardon, warten – will man dem heiligen Jakobus entgegenwandern. Alle ausgewählten Pilgerwege in diesen – zugegebenermaßen unheiligen – Krimis können ohne große Vorbereitung und ohne Aufwand selbst erlaufen und erlebt werden. Hier ist der Weg das Ziel, denn auf jeder Strecke gibt es viele Sehenswürdigkeiten, die ein gemächliches Tempo nicht nur rechtfertigen, sondern wünschenswert machen. Entscheiden Sie von der Couch aus, welche Etappe Sie selbst wagen wollen – oder ob Sie die Wege allein durch unser Buch »erlesen« und erleben möchten.

Wandern, Schreiben, (Vor-)Lesen: Diese drei Gemeinsamkeiten brachten Leila Emami, Claudia Schmid und Fenna Williams zusammen und auf die Idee, daraus ein Buch zu machen, das diese Leidenschaften vereint. Leila Emami pilgerte un(h)eilig auf Wegen im Rhein-Main-Mosel-Gebiet, Claudia Schmid erschrieb und erwanderte sich die un- und heilvollen Pfälzer Jakobswege und Fenna Williams legte von Göttingen bis Wissembourg laufend, links und rechts des Weges jede Menge Leichen ab.
Laufen Sie schneller – damit diese drei Krimiautorinnen Sie nicht …
… es sei denn, Sie haben dieses Buch als Reiseführer dabei. Dann sind Sie auf der sicheren Seite.
Leila Emami: www-leila-e.de, Claudia Schmid: www.ClaudiaSchmid.de, Fenna Williams: www.fenna-williams.com

Bisherige Veröffentlichungen im Gmeiner-Verlag:
Claudia Schmid: »Wer mordet schon in Mannheim?« (2015)
Claudia Schmid: »Mannheimer Todesmess« (2013)
Claudia Schmid: »Die brennenden Lettern« (2011)
Claudia Schmid: »Passauer Land – 66 Lieblingsplätze und 11 Brauereien« (2011)

Fenna Williams: Patchwork – das etwas andere Schreibprogramm, in: Syndikat – Tat-Zeuge – Das Syndikats-Dossier 2017

LEILA EMAMI /
CLAUDIA SCHMID /
FENNA WILLIAMS

Mörderischer Jakobsweg

*11 Krimis und 125 Freizeittipps zu
den schönsten deutschen Pilgerwegen*

SPANNUNG

GMEINER

Immer informiert

Spannung pur – mit unserem Newsletter informieren wir Sie
regelmäßig über Wissenswertes aus unserer Bücherwelt.

Gefällt mir!

Facebook: @Gmeiner.Verlag
Instagram: @gmeinerverlag
Twitter: @GmeinerVerlag

Besuchen Sie uns im Internet:
www.gmeiner-verlag.de

© 2018 – Gmeiner-Verlag GmbH
Im Ehnried 5, 88605 Meßkirch
Telefon 07575 / 2095 - 0
info@gmeiner-verlag.de
Alle Rechte vorbehalten
1. Auflage 2018

Lektorat: Susanne Tachlinski
Herstellung: Julia Franze
Umschlaggestaltung: U.O.R.G. Lutz Eberle, Stuttgart
unter Verwendung eines Fotos von: © Martin Schuetz / shutterstock
Druck: CPI books GmbH, Leck
Printed in Germany
ISBN 978-3-8392-2323-9

INHALT

VORWORT

VIELE WEGE FÜHREN NACH ROM ... ALLE NACH SANTIAGO

Viele Wege führen nach Rom – heutzutage zieht es die Mehrzahl der Pilger allerdings Richtung Santiago de Compostela. Es begeben sich mehr Menschen auf Schusters Rappen zum heiligen Jakob als nach Rom, Canterbury, Lourdes oder Fatima. Seine Kathedrale hat vielen anderen Wallfahrtsorten im wahrsten Sinne des Wortes den Rang abgelaufen. Santiago vereint auf seinem Camino Strenggläubige ebenso wie Menschen, die eher den Glauben an sich selbst wiederfinden wollen. Jakobspilger kommen aus allen Teilen der Welt und scheuen keinen noch so weiten Weg, keine noch so einsame Straße, um ihr Ziel zu erreichen.

Weil man die letzten 100 Kilometer bis Santiago zu Fuß zurücklegen muss, um seine Pilgerurkunde zu erhalten, glauben viele Wanderer, dass der »echte« Jakobsweg erst in Spanien beginnt. Tatsächlich aber überzieht ein enges Geflecht von »Zubringer«-Caminos den gesamten europäischen Kontinent und viele von ihnen streifen oder durchqueren Deutschland. Hier gibt es diverse Vereine und zahlreiche ehemalige Pilger, die sich um die Ausschilderung und den Erhalt der Tausenden von Kilometern kümmern, was nötig ist, um sich nicht zu verlaufen und sicheren Tritt zu finden. Kirchengemeinden entlang der Route gewähren Unterstützung durch Beratung, Erfahrungsberichte, Pilgerpässe und -stempel. Niemand muss also erst bis nach Südeuropa fahren, um die Magie des Wanderns auf dem Jakobsweg erleben zu können.

Mit diesem »mörderischen Reiseführer« wollen die Autorinnen den Lesern nicht nur von der eigenen Leidenschaft des Wanderns erzählen, sondern auch auf die unzähligen Möglichkeiten aufmerksam machen, die vor der eigenen Haustür warten, will man Jakobus entgegenwandern. Jeder der in unseren – zugegebenermaßen unheiligen – Geschichten verarbeiteten Abschnitte der Pilgerwege kann ohne große Vorbereitung und ohne Aufwand erlaufen werden. Sie sollen darauf hinweisen, dass der Weg das Ziel ist und es unterwegs viele Sehenswürdigkeiten gibt, die ein gemächliches Tempo nicht nur rechtfertigen, sondern wünschenswert machen.

Pilgern Sie mit uns entlang der Mosel, der Lahn und des Rheins und genießen Sie die Pilgerwege der Pfalz, Hessens und Niedersachsens. Entscheiden Sie zunächst von der Couch aus, ob und wo Sie selbst einmal eine Etappe gehen – oder ob Sie sie allein durch unser Buch »erlesen« und erleben möchten.

Viel Vergnügen!

DER WOLF IM PILGERDRESS

VON LEILA EMAMI

Auf dem Jakobsweg entlang der Via Regia von Fulda nach Frankfurt

Alles läuft nach Plan, dachte Mohsen und betrat eine Bäckerei in diesem schmucken Ort mit dem unaussprechlichen Namen. Natürlich wurde er sofort neugierig beäugt in seinem Outfit. Er lächelte den drei älteren Kundinnen fromm zu, um nicht aus der Rolle zu fallen. Das hatte er gut drauf. Sein einziges Problem war sein persischer Akzent. Den hatte er in seinen zwei Deutschkursen in der Heimat nicht wegbekommen. So wollte seine Aussprache gar nicht zu seiner Verkleidung eines christlichen Pilgers passen. Aber auch dafür hatten sie sich eine Ausrede zurechtgelegt. Er würde behaupten, ein Flüchtling zu sein, der zum Christentum konvertiert sei und nun als Pilger seinen neuen Glauben erwandere. Das war ganz einfach. Die Sätze dafür hatte er mit seinem Schwager stundenlang eingeübt.

»Was darf's bei Ihnen sein?«, zwitscherte die rehäugige Verkäuferin hinter dem Tresen voller Backwerk, als er an der Reihe war.

»Darf ich telefonieren, bitte?«, fragte er und stützte sich auf seinen Wanderstab, als sei er alt und gebrechlich wie Meister Yoda.

Die Verkäuferin reichte ihm einen Telefonhörer über den Tresen und sah ihn dabei an, als stünde vor ihr tatsächlich Meister Yoda.

Die Handynummer seines Schwagers wusste er auswendig wie so viele andere Zahlen auch: Wechselkurse, Kontostände, Flugnummern – was auch immer eine Kombination zwischen 0 und 9 zuließ, blieb in seinem Gehirn kleben. Dafür konnte er sich keine Namen oder Liedtexte merken.

*

»Ich bin traurig, dass heute unser letzter Tag ist«, seufzte Maike.

»Ich nicht«, antwortete Betty, »wir pilgern schon seit sechs Tagen ununterbrochen. Mir tun alle Knochen weh und ich kann diese Wanderschuhe nicht mehr ertragen.«

»Wir haben auch Unglaubliches geleistet: von Fulda bis hierher nach Bruchköbel **1** wahnsinnige 115 Kilometer! Hundertfünfzehn!!! Jetzt fehlen uns nur noch die letzten 25 Kilometer bis Frankfurt, dann sind wir den Jakobsweg von der Fulda bis zum Main **2** komplett gelaufen.«

»Na, dann mal los, bevor ich meine Motivation ganz verliere. Aber ich brauche danach ein paar Tage Pause, bevor ich darüber bloggen kann. Ich bin einfach zu müde zum Schreiben und muss mich erst sortieren.«

»Kein Problem, Betty! Ich habe ja fleißig vorgearbeitet und jeden Abend meine Eindrücke in mein Notebook gehackt, außerdem habe ich auch schon die Fotos in die Mediathek unseres Blogs hochgeladen. Ich fange einfach mit den ersten Blog-Artikeln an und du schiebst deine Texte nach, sobald du dich erholt hast.«

Betty nickte stumm. Eigentlich konnte sie ja froh sein, dass Maike so auf Zack war. Aber in Wahrheit wurmte es sie, denn Maike spielte sich stets in den Vordergrund, so bekam sie natürlich mehr Likes und Kommentare. Dazu sah sie auch noch makellos aus und trumpfte mit ihren Selfies auf. Verdammt!

Auch das Pilgern auf diesem Jakobsweg war Maikes Idee gewesen. Sicher hatte sie sich schon im Vorfeld tausend Storys dazu ausgedacht. Wohingegen Betty sich von Maike ins kalte Wasser gestoßen fühlte und über das Pilgern bislang nichts sagen konnte, außer dass es anstrengend war. Aber irgendetwas Originelles musste ihr unbedingt einfallen.

»Guck mal, wie schnuckelig diese Fachwerkhäuser ausschauen. Als wäre man in die Zeit der Brüder Grimm gefallen«, schwärmte Maike und zeigte mit einer ausladenden Geste über den Platz vor der Jakobuskirche **3** in Bruchköbel. War ja klar, dass Maike wieder irgendeinen interessanten Zusammenhang herstellte. Die Brüder Grimm hatte Betty gar nicht auf dem Schirm gehabt.

»Die Brüder Grimm lebten ja in der Nachbargemeinde Hanau«, klärte Maike sie auf. »Ich wette, mir fällt zu dem letzten Teilabschnitt unserer Wanderschaft ein schön erdichtetes Märchen ein, außerdem …«, doch Betty hörte nicht mehr hin, auch bewunderte sie nicht die sorgfältig herausgeputzten Häuser dieser Stadt, an denen sie gerade vorbeigingen, sondern hatte alle ihre Sinne auf den Mann gerichtet, der eben aus einer Bäckerei auf der gegenüberliegenden Straßenseite getreten war und ihnen nun vorausging. Sie blickte zu Maike. Sollte sie ihn wirklich vor Maike entdeckt haben? Tatsächlich! Madame Vorreiterin las beim Gehen konzentriert in ihrem Pilgerführer und achtete nicht auf das Sahnestückchen.

*

Mohsen war zufrieden. Es lief wie am Schnürchen. Sein Schwager erwartete ihn heute Abend in Frankfurt am Dom. Er sei nicht zu verfehlen, und darin würde sie keiner vermuten. Sein Schwager hatte den Coup perfekt organisiert und Mohsen ihn nach Plan ausgeführt. Und wenn weiterhin alles so gut lief, dann waren sie morgen reiche Männer, nein, superreiche Männer! Sein Schwager war Deutscher und wollte mit Mohsens Schwester in Frankfurt bleiben. Mohsen aber, der zurzeit bei ihnen Urlaub machte, wollte nach Kanada auswandern, vielleicht auch nach Neuseeland. Als Flüchtling erster Klasse, konnte er sich seine neue Heimat ja aussuchen. Die Menge der Steine, die der indische Diamantenhändler bei sich getragen hatte, übertrafen die Einschätzung seines Schwagers bei Weitem, deshalb hatte Mohsen fünf Rohdiamanten aus der Masse beiseitegeschafft. Ganz für sich allein, als Lohn dafür, dass *er* in Hanau dem Inder zu seiner Wiedergeburt hatte verhelfen müssen. So war der ja nicht wirklich tot, sondern wurde irgendwo anders wieder in die Welt gesetzt, nur ohne Diamanten. Eigentlich ein cooler Glaube.

*

Betty ging ein Kribbeln durch den Körper. Der Typ hatte was Außergewöhnliches an sich. Nichts an ihm stimmte. Pilger waren in ihrer Vorstellung stets ältere Herren mit Bart, aber dieses Exemplar war ein rassiger schlanker Bursche mit Pilgerstab und abgetragenen Schuhen. Sicher kam er von weit her. Zu Fuß aus dem Morgenland? Dann dieser Umhang, der seinen Rucksack so bedeckte, dass es aussah, als hätte er einen Buckel. Er Quasimodo, sie Esmeralda. Sie kicherte in sich hinein. Er marschierte mit großen, kräftigen Schritten die Straße entlang aus der Stadt hinaus und schaute dabei für den Bruchteil einer Sekunde zu ihr herüber. Er hatte so feurige Augen, dass sie aus dem Schatten der Krempe seines Seppelhuts zu ihr herüber funkelten. Wahnsinn!

*

So frei hatte Mohsen sich noch nie gefühlt. Die Steinchen zu seinem Glück lagen in seinem Rucksack, seine fünf Extra-Steine im Saum seines Umhangs. Nun musste er nur noch diesen Fußmarsch bewältigen. Aber das war ja das Einfachste. Gerade jetzt, wo er Gesellschaft bekommen hatte. Zwei deutsche Mädels. Die Drahtige, Hübsche gehörte zu der Sorte Frau, die ihn nicht interessierte. Sie belehrten ihr Gegenüber sehr gerne, taten immer unnahbar und geschäftig und trieben ständig Sport. Aber die Schlaksigere der beiden mit den treuen, traurigen Augen wartete nur darauf, wachgeküsst zu werden. Er zwinkerte ihr zu.

∗

Betty konnte es kaum fassen, was sie auf dem Weg – immer der blauen Muschel nach – von diesem Ali mit seinem unperfekten Deutsch zu hören bekam. Sie sog jedes seiner Worte wie ein Schwamm auf und vergaß darüber ihre schmerzenden Füße.

Dieser arme Mensch! Er war zu Fuß nach Deutschland geflüchtet, hatte sich verstecken müssen, hatte so viel Leid auf sich genommen, Freunde und Verwandte verlassen, um ein neues Leben zu beginnen ... Ja, viel mehr als das, er war nach Deutschland gekommen, um zum Christentum zu konvertieren. Gott, was würde sie dafür geben, ihm dabei zu helfen, hier Fuß zu fassen. »Sind Sie denn katholisch oder evangelisch?«, fragte Betty.

»Ich, ja ... ich ... katholisch!«, antwortete Ali etwas zögerlich. Betty staunte, dass irgendjemand heutzutage freiwillig katholisch wurde. Nach all den Negativschlagzeilen war sie aus der Kirche ausgetreten, aber Ali kannte diese Hintergründe wohl nicht. Und sie wollte ihn damit jetzt auch nicht belasten.

∗

Mohsen rieb sich in Gedanken die Hände. Mit den zwei Pilgerinnen im Geleit würde er noch weniger auffallen. Er würde sich von den beiden zum Frankfurter Dom bringen lassen, denn der Gedanke, diesen nicht auf Anhieb zu finden und in der fremden Großstadt umherirren zu müssen, bereitete ihm Unbehagen. Außerdem waren die Frauen bestens mit Proviant versorgt. Aber er ließ sich natürlich feiern, bis er sich etwas davon nahm. Er wollte ja bescheiden, gar asketisch rüberkommen.

»Dann erzählen Sie uns doch mal, warum Sie ausgerechnet katholisch geworden sind und nicht evangelisch?«, fragte ihn die Sportliche.

Schon wieder so eine verhängnisvolle Frage. Mohsen wusste überhaupt nicht, wovon die junge Frau sprach. Im Islam gab es Sunniten und Schiiten, war das im Christentum vielleicht genauso? Was sollte er bloß sagen? Er überspielte seine Unsicherheit mit einem Lächeln, doch die beiden warteten auf eine Antwort. »Ich … wissen Sie«, begann er, »katholisch war sehr nett zu mir, hat mich aufgenommen, hat mir …«, Mohsen ließ seine Stimme stocken und seufzte. Dann hörte er, wie die Treuherzige der Sportlichen zuflüsterte: »Jetzt lass ihn doch mal in Ruhe!«

*

Betty sah die Felder- und Wiesenlandschaft, die sie nun durchwanderten, plötzlich mit ganz anderen Augen. Wie schön es hier war! Da kamen sie an zwei hübsche rote Holzbänke **4**, die in Sofa-Form gezimmert waren.

»Ruhen Sie sich doch ein wenig hier aus. Meine Freundin und ich müssen mal kurz … Sie wissen schon!«, sagte Maike und zog Betty hinter einen Busch.

»Sag, mal, kapierst du denn gar nichts?«, zischte sie ihre Freundin an. »Mit dem stimmt doch was nicht. Das stinkt doch zum Himmel. Der will uns für dumm verkaufen, in seinem Fastnachtskostüm!«

»Das ist ja wohl das Allerletzte! Jeden dahergelaufenen Idioten zitierst du Wort für Wort in deinen Blogartikeln, ohne zu prüfen, ob das, was er sagt, auch wirklich stimmt. Aber wenn ein dunkeläugiger Ausländer etwas erzählt, dann ist er gleich verdächtig, oder was?«

»Was fällt dir ein, mir Ausländerfeindlichkeit zu unterstellen? Das ist ja überhaupt nicht wahr! Aber merkst du denn nicht, dass er uns nur verarscht?«

»Ich merke nur eins«, gab Betty wütend zurück, »es stinkt dir, dass du nicht die Nummer eins bei ihm bist, sondern ich! Jawohl, ausnahmsweise mal ich! Und mich interessiert Alis Geschichte, sie berührt mich und ich will, nein, ich muss darüber schreiben. Ich will sein Schicksal, seinen Mut und seinen Durchhaltewillen in die Welt tragen.«

*

Mohsen kam sich vor wie ein ungeduldiges Kind. Dieser Weg, den die Mädels ihm als »Hohe Straße« 5 vorgestellt hatten, zog sich wie Kaugummi. Die Frankfurter Skyline mit den vielen Geldhäusern war am Horizont zwar deutlich sichtbar, jedoch verdammt weit weg. Da kam ihnen zu allem Unglück auch noch ein tief fliegender Hubschrauber entgegen. Die Polizei? Das konnte nicht sein! Sie würden ihn doch nie und nimmer auf einem Pilgerweg suchen, das hatte sein Schwager geschworen.

Dennoch bog Mohsen verunsichert in das hochgewachsene Maisfeld ein, an dem sie gerade vorbeiliefen. »Bin gleich zurück!«, rief er mit seinem persischen Akzent zwischen den Blättern den beiden Frauen zu.

Hoffentlich schöpften sie keinen Verdacht, weil er ausgerechnet jetzt angeblich austreten musste. Aber es war ein Wink des Himmels, dass sich ihm solch ein perfektes Versteck am Wegesrand bot. Die schützenden Blätter und hohen Halme begannen im Rhythmus des dicht über ihm hinwegknatternden Hubschraubers zu zittern.

٭

»Schau mal, Betty, ein Polizeihubschrauber, die suchen doch jemanden«, rief Maike gegen das laute Geräusch der Rotorblätter und winkte den fliegenden Beamten entgegen.

»Dich suchen die bestimmt nicht«, rief Betty zurück.

»Aber vielleicht deinen Ali!«

Betty zerrte an Maikes Arm und funkelte sie aus zornigen Augen an. Dabei bog der Hubschrauber über dem Maisfeld ab und entfernte sich langsam. »Lass ihn ja in Ruhe«, raunte Betty Maike zu, »er gehört mir! Das ist meine Geschichte! Meine!«

In diesem Moment trat Ali wieder auf den Weg zurück.

٭

Es ging ewig weiter durch Felder, an Wäldern vorbei und an Gärten, die die beiden Frauen »Schrebergärten« nannten. Mohsen wurde immer unruhiger. Was, wenn die Polizei ihn in Frankfurt doch anhalten würde? Nichts, gar nichts wäre dann! Sein Schwager hatte an alles gedacht, sogar an diese Pilger-Verkleidung, die er im Hanauer Kurpark Wilhelmsbad **6** mit gefälschten Papieren für Mohsen deponiert hatte. Nach der Tat hatte sich Mohsen in den Kurpark begeben, sich umgezogen und spielte nun, als könnte er kein Wässerchen trüben. Die Polizei würde niemals einen Pilger mit Ausweis verhaften, das war ja die Raffinesse hinter diesem Aufzug. Aber wenn doch irgendetwas schiefging? Wenn die Polizei seinen Schwager geschnappt und dieser alles verraten hatte? Was dann?

*

Betty stellte sich vor, dass ihr persischer Pilger wirklich ein Verbrecher wäre. Dieser Gedanke erregte sie sogar. Ja, sie fühlte sich an seiner Seite lebendig, so lebendig wie noch nie. Am liebsten wollte sie mit ihm in einem der Schrebergärten verschwinden … allein, ohne Maike! Sie schielte zu Maike herüber. Sie machte ein Gesicht wie drei Tage Regenwetter. Sollte sie doch!

»Wohin wollen Sie eigentlich pilgern?«, fragte Betty an Ali gewandt.

»Spanien!«, war seine Antwort.

»Wir werden uns in Frankfurt von Ihnen verabschieden. Da geht unsere Pilgerreise zu Ende!«, erklärte Maike, und Betty wurde es dabei ganz schwer ums Herz.

»Aber wissen Sie was? Ich würde gerne eine Story über Sie für unseren Blog schreiben. Darf ich Sie fotografieren?«, sprudelte es aus ihr heraus.

*

Mohsen fiel es nicht leicht, ihr die Bitte abzuschlagen, aber was sollte er anderes tun? Es war einfach zu gefährlich für ihn. Wäre er nicht steinreich und würde er nicht morgen schon das Land verlassen, hätte ein Paar aus ihnen werden können. Aber so blieb ihm nichts anderes übrig, als sie auf Abstand zu halten. Sie kam ihm zu nahe.

*

»Siehste, der hat was zu verbergen«, flüstere ihr Maike zu.

»So ein Blödsinn! Ich kann ihn sehr gut verstehen. Es war mein Fehler, ihn zu fragen. Er hat viel zu verlieren. Stell dir vor, seine islamische Regierung findet ihn auf unserem Blog, dann wird er verfolgt und wir vielleicht auch … ach, ich will da gar nicht dran denken«, antwortete Betty und bekam glühende Wangen.

✻

Mohsen gab sich unbekümmert. Er stellte allerlei Fragen zu Land und Leuten und zu diesen typisch deutschen Schrebergärten, die ihren Weg schon seit Stunden säumten. Betty gefiel ihm dabei immer mehr. Sie erzählte voller Leidenschaft von den Orten und Plätzen, die sie passierten: von Bergen-Enkheim **7**, vom Seckbacher Ried **8** und von den Streuobstwiesen. Wäre es nicht toll, wenn er seine Diamanten mit ihr verbraten könnte?

✻

Betty war glücklich. Ali interessierte sich wirklich für ihre Geschichten, zum ersten Mal mochte sie sogar den Klang ihrer eigenen Stimme, während sie erzählte. Sein Like war mehr wert als all die Hunderten anonymer Likes, die Maike im Netz einheimste.

»So, endlich sind wir in Frankfurt. Meine Socken qualmen schon«, sagte Maike.

»Und es ist immer noch so schon grun hier«, schwärmte er.

»Ja, obwohl wir bereits in der Stadt sind. Hinter diesen Bäumen und Büschen befindet sich der Sportplatz des FSV Frankfurt. Fußball gehört zu Deutschland wie das ganze Grün und der viele Regen, der uns das Grün erhält. Und da weiter vorne ist die Eissporthalle 9«, erklärte Betty und ihr Herz klopfte schmerzvoll bis zum Hals. Es konnte einfach nicht sein, dass ihr gemeinsamer Weg gleich zu Ende sein und sie ihn nie wiedersehen sollte.

»Darf ich Ihre Telefonnummer haben?«, fragte sie endlich.

»Leider, ich habe kein Handy, kein Telefon.«

»Und eine Adresse? Ich würde Ihnen so gerne …«

Doch Ali schüttelte den Kopf.

Betty bekam einen dicken Kloß im Hals.

*

Im Schatten des riesigen EZB-Hochhauses 10, das auf ihrem Pilgerweg von weither sichtbar gewesen war, blieb Mohsen stehen und staunte. Was für ein in der Sonne funkelnder Palast des Geldes. Und er selbst würde ab morgen zum Geldadel dazugehören. Wahnsinn! In diese Glitzerwelt würde Betty in ihrer Schlichtheit und Herzlichkeit sowieso nicht passen. Sie würde außerdem nur unnötige Fragen stellen und unter den Antworten leiden, deshalb war es gut, dass ihr Abschied nahte.

*

»Zum Glück, nun sind wir am Endpunkt unserer Pilgerreise angekommen«, verkündete Maike.

»Ist das die Dom?«, fragte Mohsen und zeigte auf die Kirche, die auf der Mainuferstraße zwischen den Stadthäusern wie eingepfercht aussah.

»Nein, das ist die St.-Leonhardskirche 11. Aber man kann den Dom von hier aus sehen! Da, der hohe dunkle Turm«, sagte Maike und zeigte die Main-Kai-Straße hinunter. »Sie müssen ein Stück zurücklaufen, am Eisernen Steg `12` vorbei und dann irgendwann nach rechts abbiegen. Sie können den Dom gar nicht verfehlen.«

»Ich bringe Sie rasch hin, Ali! Du kannst hier an der Leonhardskirche auf mich warten, Maike. Ich bin gleich wieder zurück!«

»Ja, aber ich kann …«

»Keine Widerrede!«, setzte Betty sich durch.

Während sie Richtung Dom liefen, sträubte sich alles in ihr dagegen, wieder einmal leer auszugehen. Sie wollte, sie konnte und sie durfte Ali nicht verlieren. Ein Hoffnungsschimmer musste ihr bleiben. Also zückte sie ihren Notizblock, schrieb ihre Telefonnummer und ihre Adresse darauf, riss das Blatt heraus und reichte es Ali. Er schaute sich das Blatt an, gab es aber wieder an Betty zurück.

»Ja, aber …«, Betty konnte vor Enttäuschung nicht weiterreden.

»Ich habe mir Nummer gemerkt«, sagte er.

Wollte er sie auf den Arm nehmen?

*

Mohsens Herz klopfte, ein Neuanfang und ein Abschied standen nun bevor. Sie waren am Frankfurter Dom `13` angekommen. Er schaute sich um, doch von seinem Schwager keine Spur. Wahrscheinlich wartete er auf der anderen Seite des Gebäudes am Haupteingang oder drinnen auf ihn.

Er reichte Betty seine Hand, sah ihr dabei tief in die Augen und sagte: »Ich melde mich … irgendwann!«

Dann verließ er sie und ging um den gewaltigen Kirchenbau herum.

*

Betty stand da mit Tränen in den Augen. Das »Irgendwann« steckte wie ein Stachel tief in ihrem Fleisch. Da, plötzlich kam Ali wieder um die Ecke geschossen. Wollte er etwa zurück zu ihr? Aber seine Augen waren voller Panik, nicht voller Leidenschaft. Sie starrte ihn an. Er rannte auf sie zu, zog dabei seinen Rucksack ab und warf ihn gegen ihren Brustkorb. Betty strauchelte, konnte sich und das Gepäckstück gerade noch halten.

»Verstecke ihn! Ich ruf an!«, keuchte er nur und rannte weiter. Betty wollte ihm folgen, doch da eilten zwei Polizisten an ihr vorbei ihrem Ali hinterher ... und das Dröhnen des Martinshorns zog durch die Häuserschluchten. Verdammt! Was passierte hier? Sie schwang Alis Rucksack über ihren eigenen und ging dem Ton der schrillen Sirenen entgegen. Sie bog nach rechts ... und traute ihren Augen nicht: Mehrere Polizisten standen in der Mitte der Straße, Ali vor ihnen – mit erhobenen Händen. Maikes Worte hallten in ihren Ohren: »Er hat doch was zu verbergen.« Und sie dachte daran, was Ali gesagt hatte: »Verstecke ihn! Ich ruf an!«

Während sie zusah, wie Ali in einen Polizeiwagen gestoßen wurde, kreisten die Gedanken in ihrem Kopf: Wollte sie in dieses, in Alis geheimnisvolles Leben hineingezogen werden? Oder wollte sie in ihr altes Leben zurückkehren, als erfolglose Bloggerin in Maikes Schatten und als frustrierter Single? In diesem Moment fuhr der Polizeiwagen an ihr vorbei und sie sah in die feurigen Augen Alis, die sie durch die Autoscheibe flehentlich anblickten. Sie zwinkerte ihm zu und ging, ohne Maike in der Leonhardskirche abzuholen, allein Richtung Hauptbahnhof. Egal, was sie in seinem Rucksack finden würde, sie freute sich auf ein neues, aufregendes Leben mit vielen Fragezeichen und Ali!

1 Bruchköbel; schon von Kelten und Römern besiedelt, bietet die Stadt heute eine Vielzahl sehenswerter Fachwerkhäuser im alten Zentrum. Das Heimatmuseum und das Archiv im neuen Spielhaus geben Einblick in die Geschichte dieses Ortes, an dessen nördlicher Grenze die ehemalige Handelsstraße Via Regia verlief.

2 Jakobsweg von der Fulda bis zum Main; dieser Jakobsweg – durchweg in Hessen gelegen – und mit der gelben Muschel auf blauem Grund markiert, orientiert sich am Verlauf der alten Handelsstraße Via Regia, auf der von alters her auch Pilger unterwegs waren. Auf der Via Regia konnte man von Kiew über Leipzig, Fulda, Frankfurt am Main, Brüssel, Paris, Bordeaux nach Santiago de Compostela gelangen. Der Jakobsweg von Fulda bis nach Frankfurt am Main kann in sieben Etappen gegangen werden. Nähere Infos: Joachim Schulmerich: »Der Jakobsweg von der Fulda an den Main«. CoCon Verlag 2012. Viel Wissenswertes zur Via Regia auf: www.via-regia.org

3 Jakobuskirche Bruchköbel; der Kirchturm der evangelischen Kirche ist heute das Wahrzeichen der Stadt. Seit ihrer Erbauung 1392 wurde die Kirche mehrfach zerstört und wiederaufgebaut. 1510 wurde der Wehrturm in seiner jetzigen Form fertiggestellt und diente im Zweiten Weltkrieg dank seiner massiven Bauweise der Bevölkerung als Schutz. Weitere Infos auf: www.jakobuskirche-bruchkoebel.de

4 Leseecke; die Leseecke Wachenbuchen ist eine von insgesamt 18 Stationen an der Regionalparkroute Hohe Straße. Die sofaähnlichen Holzbänke laden dazu ein, an dieser Stelle eine Lesepause einzulegen und zugleich diesem uralten Fernhandelsweg, der schon in der Jungsteinzeit genutzt wurde – da er, hoch über den Flusstälern gelegen, ein Fortkommen trockenen Fußes erlaubte –, zu gedenken und die Aussicht über das Maintal und dem Vorspessart zu genießen.

5 Hohe Straße; die Hohe Straße war eine Teilstrecke der Via Regia. Sie führte von (Frankfurt-)Bergen an den südöstlichen Höhen des Vogelsberges entlang, an der Wasserscheide Nidda-Nidder und Main-Kinzig vorbei, dann über Eisenach und Erfurt nach Leipzig. Heute wird der Weg unter der Trägerschaft des Vereins »Regionalpark Hohe Straße e. V.« gehegt und gepflegt. Weitere Infos auf: www.regionalpark-rheinmain.de

6 Kurpark Wilhelmsbad; diese Kuranlage vor den Toren Hanaus ist die besterhaltene Kuranlage des 18. Jahrhunderts in Deutschland. 1777–1779 von Erbprinz Wilhelm von Hessen-Kassel erbaut, sollte der Park der moralischen Erbauung des Betrachters durch seelische Rührung dienen. Weitere Infos unter: www.wilhelmsbad-erleben.de

7 Bergen-Enkheim; ist ein Stadtteil Frankfurts und besteht aus den Orten Bergen und Enkheim, die seit dem Mittelalter eng miteinander verbunden sind. Die Landschaft ist geprägt von dem Übergang des Maintals in die ansteigende Wetterau. Der Berger Hang ist die Südlage des Berger Rückens und bietet durch die starke Sonneneinstrahlung beste Bedingungen für Obst, Wein und Wiesen.

Streuobstwiesen und Gärten prägen das Landschaftsbild. Der Blick über das Rhein-Main-Gebiet bis zum Odenwald und Spessart lädt zum Verweilen ein. Der Berger Hang ist als Wohnlage besonders beliebt. Die Kulturgesellschaft Bergen-Enkheim vergibt seit 1974 jährlich den Literaturpreis »Stadtschreiber Bergen«. Erster Stadtschreiber war von 1974 bis 1975 Wolfgang Koeppen.

8 Seckbacher Ried; das etwa sieben Hektar große Areal ist ein verlandeter Altarm des Mains und seit 1937 als Naturschutzgebiet ausgewiesen. Das heute umzäunte Gebiet bietet vielen Pflanzen und Tierarten einen vom Menschen ungestörten Lebensraum. Infos über Artenschutz und Führungen erhält man bei der Naturschutzgruppe Seckbach. www.bund-frankfurt.de/ueber_uns/ortsverbaende/frankfurt_ost/naturschutzgruppe_seckbach/

9 Eissporthalle; diese wurde 1981 eröffnet und ist die einzige Eisbahn der Stadt Frankfurt. Sie ist die Trainings- und Spielstätte der Frankfurt Lions und dient darüber hinaus vielen anderen Veranstaltungen, wie Eiskunstlaufwettbewerben oder »Hessen tanzt«. Vor der Halle liegt der Frankfurter Festplatz, auf dem unter anderem die »Dippemess« stattfindet. Alle Infos zu Öffnungszeiten, Eintrittspreisen und Veranstaltungen auf: www.eissporthalle-ffm.de

10 EZB; das Hauptgebäude der Europäischen Zentralbank in Frankfurt wurde auf dem ehemaligen 14 Hektar großen Areal der Großmarkthalle am Mainufer erreichtet. Der imposante, von weither sichtbare 185 Meter hohe Bau wurde 2015 nach fünf Jahren Bauzeit feierlich eröffnet. Führungen und Vorträge für Besucher finden regel-

mäßig statt. Nähere Infos: www.ecb.europa.eu/ecb/
visits/html/index.de.html

11 St.-Leonhardskirche; sie wurde im Jahr 1219 als spätro-
manische Basilika erreichtet und später gotisch umgebaut.
Die Katholische Kirche am Mainufer blieb im Zweiten
Weltkrieg unversehrt und war von Anbeginn eine Pilger-
kirche, an der der Jakobsweg vorbeiführt. In ihr befindet sich eine Reliquie des Heiligen Einsiedlers Leonhard.
Alle Infos zu Gottesdienst- und Öffnungszeiten auf:
www.dom-frankfurt.de/dompfarrei/kirchorte/st-leonhard

12 Eiserner Steg; die Fußgängerbrücke über den Main, die den
Frankfurter Römerberg mit dem Stadtteil Sachsenhausen
(bekannt für seine zahlreichen Apfelweinlokale) verbindet,
wurde 1868 errichtet. 1912 wurde er durch eine größere
Konstruktion ersetzt und am Ende des Zweiten Weltkrieges von der Wehrmacht gesprengt. Der Eiserne Steg wurde
1946 wiederaufgebaut und 1993 grundlegend saniert. Über
den Eisernen Steg gelangen heute die zahlreichen Besucher
vom Römer und dem Dom über den Main an das Frankfurter Museumsufer und nach Sachsenhausen.

13 Frankfurter Dom; auch Kaiserdom genannt, ist er ein beson-
derer Ort der europäischen Geschichte. Im Mittelalter war
der Dom, der nie Bischofskirche war, Sitz des kaiserlichen
Domstiftes St. Bartholomäus, seit 1356 Wahlort der Deutschen Könige und ab 1562 Krönungsort der römischen
Kaiser. Der Schädel des Heiligen Apostels Bartholomäus
befindet sich im Dom und wird regelmäßig den Gläubigen
zugänglich gemacht. Alle Infos zu Gottesdienst- und Öffnungszeiten auf: www.dom-frankfurt.de

PAMELAS LEICHENZUG

VON LEILA EMAMI

Auf dem Bonifatius-Weg von Mainz nach Fulda

Solch einen ausgemachten Unsinn kann sich auch nur eine amerikanische Therapeutin in ihrer Menopause einfallen lassen, dachte Günther und machte bei dieser Pilger-Therapie auch noch mit. Wegen Renate ... Nein, wegen Renates Argumenten: Er, Günther, habe mit seiner Affäre ihre 30-jährige Ehe, ihr 40-jähriges Beisammensein in den Dreck gezogen, er habe Renate verraten, missbraucht, krank gemacht, er habe dies, er habe das! Seine Sicht der Dinge hatte vor allem diese durchgeknallte Paartherapeutin Pamela aus Pennsylvania niedergequatscht oder mit ihren Blicken im Keim erstickt. Dann hatte sie ihnen diese Pilger-Wanderung auf dem Bonifatius-Weg **14** aufs Auge gedrückt. »So that you can find zu eure Wurzeln«, hatte Pamela gesagt und dabei nur ihn angeschaut. Sie hätte bereits beste Erfahrungen mit ihrer speziellen Pilger-Therapie gemacht. Besonders in der Verbindung von Spiritualität und körperlicher Bewegung lägen Lösungen verborgen, auf die man in sieben langen, kalten Wintern nicht käme. Und sie hätte ihnen ja eine schnelle Hilfe versprochen. Jetzt stand er da ... mit Renate und noch vier anderen Frischluft-Spirituellen an dieser Adresse »Leichhof« **15** in Mainz hinter dem Dom **16** und wartete auf Pamela. Das einzig Spirituelle, das ihm heute würde helfen können, lag in seinem Rucksack: Ein Hochheimer Riesling Hölle Kabinett Trocken. Am liebsten wollte er seine Wurzeln gleich damit begießen, doch ein

Schluck aus der Weinflasche am Vormittag würde ihn in ein falsches Licht rücken.

»Hello, here I am … und das pünktlich!«, flötete Pamela, als sie fünf Minuten später als ausgemacht am Treffpunkt Leichhof erschien. »I have Pilgerpässe for you, aus dem Infoladen 17 vom Dom zu Mainz. So you can fleißig Stempel sammeln in den Kirchen unterwegs. Der erste Stempel from Mainzer Dom ist schon drin, juhuu!«

Erst als Renate ihm einen Knuff gab, nahm er das alberne Heftchen, das Pamela ihm entgegenhielt, an sich. Er würde es in den nächsten Mülleimer werfen. Er ließ sich doch nicht zum Fleißstempel sammelnden Schulbub machen.

»Wir wollen today auf der Bonifatius-Route zu unsere Wurzeln pilgern«, begann Pamela. »Diese Route verläuft da, wo im Jahr 754 ein Trauerzug ging with the Leichnam von dem Heiligen Bonifatius: von Mainz bis nach Fulda. Der Weg started hier, wo wir stehen: Am Mainzer Leichhof. This Place auf der Südseite des Doms heißt so, because es war mal ein Friedhof. Und der Weg ends in 172 Kilometern in Fulda am Dom.«

»Was, wir müssen 172 Kilometer laufen? Für den da?«, rief eine stark geschminkte Blondine um die 40 entsetzt und zeigte auf ihren Ehemann mit Designer-Sonnenbrille und glänzenden Lacklederschuhen.

»Oh no, my dear Heidi, wir pilgern nur the first neun Kilometer bis Hochheim. Das habe ich in my last Rundmail geschrieben«, erklärte Pamela süß lächelnd.

»Mitdenken gehört nicht zu ihren Hobbies!«, stänkerte Lacklederschuh gegen seine Frau und wurde gleich von Pamela mit ihrem Männer-haben-nichts-zu-sagen-Blick gestraft, den Günther aus den letzten Sitzungen zu gut kannte. Bevor sie ihn jetzt auch verbal maßregeln konnte, grätschte Günther prophylaktisch dazwischen: »Wer war denn nun dieser Boni-

fatius? Wann hat er gelebt? Was hat er gemacht? Was war das
für ein Mann?«

»Genaues könnt ihr googeln, we don't want to beschäftigen
uns mit Bonifatius heute«, antwortete sie bestimmt. Danke für
das Gespräch, Miss Null-Ahnung-von-Nix, lachte Günther
innerlich. Doch Pamela fuhr fort: »Nur so viel: Bonifatius is
called Apostel der Deutschen, because er hat im 8. Jahrhundert im Auftrag vom Papst in Deutschland missioniert. Also
die Germans zum Christentum gebracht. Dafür hat er sogar
die famous Donar-Eiche, den heiligen Baum von den Germans Gott Donar gefällt. Zack! Ja, sometimes du musst fällen
uralte Eichen für Veränderungen, my dear hearts. Bonifatius
hat many Landstriche missioniert, gründete a lot of Bistümer
und was always on tour. But auf seiner last tour – at that time,
he was 80 Jahre alt – er wurde in Friesland ermordet. That was
im Jahr 754 und man brachte seine Leiche erst nach Mainz
und than with the Leichenzug nach Fulda. Here we go, dem
Leichenzug nach!«

Der Pamelazug setzte sich in Bewegung und in Günthers
Kopf kreisten ihre Worte: »Ermordet, Leiche, Leichenzug,
Leichhof!« Gott, diese Religionen waren ihm einfach zu blut-
rünstig. Doch plötzlich fuhr ein Gedanke wie ein Blitz durch
seinen Körper: RENATES LEICHENZUG! Was wäre, wenn
Renate nicht mehr lebte? Würde sie ihm fehlen? Käme er ohne
sie zurecht? Und warum in aller Welt hatte er sich darüber
noch nie Gedanken gemacht?

*

Renate suchte auf dem Weg durch die Mainzer Innenstadt
die Nähe Günthers, um zu demonstrieren, dass sie ihn nicht
für verloren hielt. Die Gruppe mit Pamela an der Spitze lief

wortlos an der St. Johannis-Kirche **18** vorbei, die Schöfferstraße entlang auf das Mainzer Staatstheater **19** zu. Vielleicht sollte sie Günther mal ins Theater einladen? Sie bogen rechts auf den Marktplatz **20** auf der Nordseite des Domes, gingen schweigend an der Heunensäule **21** in der Mitte des Platzes und am Marktbrunnen **22** vorbei. Rechts davon erhob sich der mächtige Mainzer Dom in den blauen Junihimmel. Den Dom ließen sie hinter sich und überquerten den Liebfrauenplatz, wo sich eine Touristenschlange vor dem Gutenbergmuseum **23** gebildet hatte. Da waren bestimmt auch Paare dabei, die nicht friedlich miteinander lebten, aber so taten als ob. Auf dem weiteren Weg die Fischtorstraße dem Rhein entgegen, versuchte Renate, Günther wie rein zufällig zu berühren. Doch entweder entzog er sich ihr, oder sie traute sich nicht. Aber mit jedem Schritt wurde ihr klarer: Sie musste Günther retten! Wo wollte er denn hin, ohne sie? Das Haus, der Garten, sein Atelier, sogar seine Buntstifte gehörten ihr. Seine Versicherungen, Rechnungen zahlte alle sie. Renate hatte schon früh die Konditorei ihrer Eltern übernommen und sie groß aufgebaut. Sie war immer dankbar gewesen, dass sich Günther neben seiner Malerei um Haushalt und Kinder gekümmert hatte, während sie das Geschäft voranbrachte. Aber jetzt, wo die Kinder nicht nur aus dem Haus, sondern auch ins Ausland gezogen waren, pinselte er nur noch in seinem Atelier herum. Dadurch wurden seine Bilder leider auch nicht besser, dafür die Kluft zwischen ihnen größer. Seit Langem schauten sie sich nicht einmal mehr in die Augen. Letzten Monat dann hatte sie ihn mit diesem Aktmodell in seinem Atelier erwischt. Bei dem Anblick war ihr schlecht geworden. Er, in seinem Alter, mit diesem jungen verlausten Ding, tätowiert und gepierct bis sonst wo. Dass er sich nicht schämte! Nein, nicht, dass er fremdgegangen war, machte ihr zu schaffen, sondern sein gesunkenes Niveau. Sie brachte Wohlstand, Glanz und guten Geschmack in ihr Haus, und er? Er suhlte sich im Dreck. Pfui, Teufel! Sie hätte ihn auch rausschmeißen können, aber sie wollte selbst in diesem enttäuschenden Augenblick nicht zulassen, dass der Vater ihrer Kinder, ihr Ehemann unter die Räder kam und ein beschämendes Bild für die ganze Familie abgab. Dann lieber eine Paartherapie bei dieser Pamela, die in der Zeitung für ihre schnellen Resultate geworben hatte, auch wenn Renate klar war, dass sie sich bei dieser Pilgerei zwei Millionen Blasen holen würde.

*

Günther hatte Mühe, Pamelas Worten zu folgen. Denn am Ende der Fischtorstraße blieb sie ausgerechnet vor der vielbefahrenen Rheinstraße an einer Fußgängerampel stehen, wo hinter ihr die Autos krachend vorbeidonnerten. Nur so viel verstand er: »Der heilige Bonifatius – by the way he was Engländer – ist nicht allein, sondern mit allen seinen 52 Gefährten in Friesland ermordet worden ... horrible!«, trieb sie ihren Heiligenkrimi auf die Spitze. Amerikaner neigten immer zur Übertreibung. Seine Ohren hörten an dieser Stelle zum Glück nicht so gut all die grausamen Details, die aus ihrem Mund zu sprudeln schienen. Aber er sah ihre Augen, sie glänzten dabei. Keine Frage, wer hier die wahre Bekloppte war. Apropos Bekloppte, was wäre, wenn er Renate ermorden würde? Da er keine Filme schaute, weder Krimis noch die Bibel las, hatte er wenig Erfahrung, wie so etwas ging. Er blickte in die Fischtorstraße hinter sich zurück. Er könnte sie an einem der Bäume aufknüpfen. Aber wie sollte er sie da hinaufbekommen? Renates Körper war in den Jahren ihrer Tortenfirma mächtig in die Breite gegangen.

Da fiel sein Blick auf die andere Straßenseite: dieser Brunnen!

»Das ist der Fischtorbrunnen 24 , wie hübsch«, hörte er das ständig Händchen haltende Paar neben sich unisono sagen, als sie schließlich die Straße überquerten und darauf zugingen. Doch Günther interessierte sich weder für den Namen noch für die zwei steinernen Fische, die rücklings auf je einer Kugel lagen und vergnügt Wasser in dieses große rechteckige Becken spritzten. Künstlerisch war das jetzt nicht sein Ding, viel zu gegenständlich, zu lieblich. Er hätte dort eher zwei fischstäbchenförmige Rechtecke, als Zeichen für den Raubbau an den Meeren, auf zwei flache Erdscheiben, als Zeichen für die Rückständigkeit der Menschheit platziert.

Günther stellte sich an den Rand des Brunnens und prüfte die Tiefe. Das Wasser würde ihr nicht einmal bis zu den Knien reichen, wie sollte er den Rest ihres üppigen Körpers da reinbekommen?

*

Renate beobachtete Günther und kam zu der Überzeugung, dass diese Pilger-Therapie vielleicht doch eine gute Idee war. Günther schaute nicht, wie er es im Auto noch angekündigt hatte, stur auf seine Schuhspitzen, sondern betrachtete interessiert die Umgebung. Dazwischen erwischte sie ihn dabei, wie er ihr heimliche Blicke zuwarf, nur um schnell wieder wegzuschauen, sobald sie sie erwiderte. Eben, am Brunnen, hatte er sogar ihren Körper von oben bis unten gemustert. Das war doch ein gutes Zeichen!

»So, my dear hearts, wir stellen uns nun rund um die Brunnen and make a few entspannende Atmungsübungen, um zu öffnen unsere Brust weit, ganz weit!«, riss Pamela sie aus ihren verträumten Gedanken.

*

Günther sah mit Genugtuung, wie Renate an dieser Hampelmännchenübung am Brunnen scheiterte. Tja, beruflicher Erfolg war nun mal nicht alles, er war dafür körperlich und geistig voll auf der Höhe und sogar bei jungen Frauen gefragt. Doch erst nachdem sie den Fischtorplatz überquerten und links auf die Promenade des Mainzer Rheinufers **25** bogen, kam er richtig in Stimmung. Vater Rhein! Ja, der würde Renate mit Haut und Haaren verschlingen. Aber an dieser Stelle hatte Günther zu viele Zuschauer. Sicher blickte ständig irgendein anderer Beamter aus einem der Fenster des Mainzer Rathauses **26**, an dem sie soeben vorbeigingen. Dabei wäre es so einfach: Ein kleiner Stoß, und schon …

»Who loves, lässt den Geliebten frei«, hörte er Pamela hinter sich zwitschern. Was meinte sie denn damit? Günther drehte sich zu ihr um. Ach so, sie sprach mit dem jungen Paar, das immer noch Händchen hielt. »You have to learn, euch loszulassen, und das geht so …«

»Aber ich brauche ihre Hand«, lamentierte der junge Mann, »sonst gehe ich keinen Schritt weiter.«

Günther ließ die Klammeraffen an sich vorbeiziehen. Er hatte jetzt keine Lust, Pamelas Tipps zu lauschen. Falsch! Er hatte sogar Angst davor. Die zwei Sitzungen auf ihrer Couch und der Beginn dieser Pilger-Therapie hatten gereicht, um in ihm Mordfantasien zu entfachen. Verlassen konnte er Renate ja schlecht. Als Künstler, der in dieser Bananenrepublik seiner Zeit weit voraus war, hatte er sich keine Rücklagen bilden können. Hatte nicht einmal eine eigene Krankenversicherung, und das in seinem Alter. Ein sorgenfreier Lebensabend ließ sich somit auf ein einziges Wort herunterbrechen: WITWER! Also, wo war er stehen geblieben? Ach ja …, es müsste aussehen wie ein Unfall. Da Renate schwer und unsportlich genug war, würde sie schnell im Rhein ertrinken. Vielleicht hier an dieser Stelle an der Rheingoldhalle `27`? Die Menschen dort waren doch bestimmt so sehr mit sich selbst oder der darin gerade stattfindenden Veranstaltung beschäftigt, dass sie gar nicht zur Rheinpromenade blickten, wo er ihr ganz unauffällig einen klitzekleinen Stoß ... oder vielleicht doch lieber nicht?

✳

»Hach, schaut mal, wie schön! In dem Schlosshotel da hinten würde ich auch gerne mal übernachten!«, rief die Blondine, als sie die Treppe erklommen hatten, die auf die Theodor-Heuss-Brücke `28` führte. Alle drehten sich in die Richtung, in die sie zeigte.

»Nicht doch, meine Liebe. Das ist das Mainzer Kurfürstliche Schloss `29`. Darin kannst du dir Veranstaltungen anschauen, wie zum Beispiel ›Mainz bleibt Mainz, wie es singt und lacht‹. Die zwei anderen prächtigen Gebäude sind übrigens der Landtag von Rheinlandpfalz und die Staatskanzlei«, erklärte Renate und war froh, selbst nicht so begriffsstutzig zu sein.

Während sie die stark befahrene Brücke entlang des Fußgängerwegs überquerten, versuchte sie, mit Günther Schritt zu halten. In den Therapiesitzungen war er irgendwie nie zu Wort gekommen. Daher musste sie unbedingt mit ihm ins Gespräch kommen. Jetzt! »Du, Günther, was hältst du von dieser Therapie?«, begann sie.

Doch statt eines von ihr erwarteten Brummens antwortete er sogleich: »Ich finde sie sehr inspirierend. Vor allem diese Theodor-Heuss-Brücke.«

»Stimmt, so eine Brücke ist ja auch so ein Symbol. Du als Maler müsstest es doch wissen«, sagte sie, lehnte sich zum Verschnaufen an das massive Stahlgeländer und blickte zum ersten Mal seit Langem in seine Augen.

»Ich könnte dich malen … genau hier … auf dem Geländer …«, schlug Günther spontan vor, »du kletterst darauf und ich …« Er machte dabei eine schwungvolle Bewegung, als malte er mit einem Pinsel in der Hand.

Renate traute ihren Ohren nicht. Noch nie hatte er sie malen wollen, und sie wollte auch nie mit seinen merkwürdigen Botschaften verwurstet werden, aber heute war das etwas anderes. Er war so voller Kraft und Tatendrang, als wünsche er sich einen Neuanfang. »Oh, Günther, was für eine tolle Idee!«, schwärmte sie deshalb. »Die beste, die du je hattest! Ich kümmere mich gleich am Montag um eine Genehmigung. Die brauchen wir doch sicher, um hier zu malen. Ich …«

»Ach, lass! Ich habe nur Spaß gemacht. Ich kann das nicht, wirklich nicht«, hörte sie ihn gegen das Getöse eines vorbeifahrenden Busses rufen. Er winkte ab, steckte seine Hand in die Hosentasche und trottete weiter. Ein Brennen stieg aus ihrer Magengrube auf, und sie sah vor ihrem inneren Auge, wie sie Günther an seinen dürren Armen packte und ihn vor eines der vorbeirasenden Autos stieß. Verstohlen schaute sie sich um. Keiner achtete auf sie.

*

Günther ließ seine Mordfantasien fallen. Das war nicht sein Ding. Er war ein Künstler und kein Mörder. Eben auf der Brücke war er richtig erschrocken über sich selbst. Ganz plastisch hatte er es vor Augen gehabt, wie sie auf dem Brückengeländer saß und er sie in den Rhein stieß. Nein, nein! Bei dem vielen Süßkram, den sie aß, würde sie sicher bald einen lebensgefährlichen Diabetes bekommen und ganz von allein das Zeitliche segnen. Bis zu diesem seinem ersten Witwern-Tag würde er also an ihrer Seite die Zähne zusammenbeißen.

*

Renates Herz raste wild, als sie auf der anderen Rheinseite die Theodor-Heuss-Brücke über eine Treppe verließen. Was war nur in sie gefahren? Beinahe hätte sie Günther vor ein Auto gestoßen. Lieber Gott, betete sie stumm, bewahre uns vor dem Bösen! Ihre Knie zitterten, als Pamela vor einem großen steinernen Gebäude stehen blieb und erklärte: »This building hier am Rhein ist das Museum Castelum **30**. Schon die Römer …«

»Da kann man was trinken … da, an der Bar!«, unterbrach die Blondine Pamelas Rede und zeigte zum Rheinufer, wo ein Biergarten zum Verweilen einlud. Renate wollte gar nicht daran denken, sich mit Günther da hineinsetzen zu müssen und so zu tun, als sei nichts gewesen. Sie brauchte erst einmal Abstand zu ihm. Ganz viel Abstand.

»We are hier, um durch das Pilgern zu uns zu finden. Danach, my dear, kannst du sicher gut gelaunt ein Biergarten besuchen.«

Lacklederschuh machte ein abschätziges Geräusch und wurde gleich von Pamelas scharfem Blick zurechtgewiesen. Und bevor sie noch etwas sagen konnte, fragte Günther: »Was war mit Bonifatius? Wurde sein Sarg über die Brücke getragen, oder wie muss ich mir das vorstellen?«

Renate holte tief Luft. Es war schon das zweite Mal, dass Günther Pamela bei ihrer therapeutischen Arbeit mit Bonifatius-Fragen behelligte.

»Nein, er wurde auf dem Rhein in a boat transportiert. Wir kommen nachher aber to the place, wo sein Leichnam für die Weiterreise an Land gebracht wurde.«

Renate konnte nicht umhin, sich vorzustellen, wie sie freudig Günthers Sarg beobachtete, der blubbernd in den Fluten des Rheins unterging, und ärgerte sich gleich über sich selbst. Wie konnte es nur sein, dass sie sich emotional so gehen ließ? Das passierte ihr doch sonst nur beim Anblick von Kuchen.

*

»Bevor wir weiterwandern, I would like to give you ein Gebet along the way«, sagte Pamela. Günther und Lacklederschuh seufzten leise.

Hatte Pamela ihren stillen Protest etwa gehört? Denn sie gab nur den Frauen je einen Zettel, von ihrem eigenen las sie vor: »Herr, gib mir die Kraft, alles, was war, loszulassen, und vollen Mutes nach vorne zu blicken! Herr, lass mich die Hand erkennen, die mir dabei hilft, befreit in die Zukunft zu starten, Amen!«

Günther hielt nichts von Gebeten, vor allem nichts von selbst geklöppelten. Aber er musste Pamela ausnahmsweises recht geben. Ja, seine Zukunft, sein Lebensabend waren wichtig, und diese würde er der Malerei widmen. Jetzt würde er so richtig Gas geben, endlich den Durchbruch schaffen. Wie wäre es, wenn er das Pilgern zu seinem neuen Thema erhob? Pilgern war doch jetzt hipp und modern. Ja, welch eine geniale Idee!

*

Renate beruhigte sich auf dem weiteren Weg durch das Naherholungsgebiet Maaraue **31** langsam. Nein, sie konnte Günther nicht ermorden. Sie musste eine bessere Lösung finden. Sie schaute auf die andere Seite des Stromes auf das schöne Mainzer Stadtpanorama und überlegte. Doch sie kam nicht weit, denn die Blondine und ihr gelackter Ehemann gerieten plötzlich in einen heftigen Streit.

*

Günther war nur froh, dass er seine Flasche Riesling dabeihatte. Auf dem ganzen Weg die Maaraue entlang, über eine Brücke, die über den Rheinarm führte, der zum alten Floßhafen von Mainz-Kostheim **32** floss, an der Wasserschutzpolizei – denen er diese beiden Streitamöben am liebsten ausgeliefert hätte – an einem Freibad **33** und an der Mündung des Mains **34** in den Rhein vorbei, verwöhnte er seinen Gaumen mit dem goldenen Rebensaft. Dabei fühlte er sich immer leichter, während Blondi und Lacklederschuh sich mit immer neuen Vorwürfen beschwerten. Und je mehr sich Pamela um die beiden kümmerte, desto dichter rückte der junge Mann seiner Frau auf die Pelle und hielt jetzt nicht mehr nur ihre Hand, sondern hatte seinen Arm fest um ihre Schultern gelegt. Kaum zu glauben, wie gestört hier alle waren. Günther genehmigte sich den nächsten Schluck und ging frohgelaunt weiter.

*

Renate las die Zahl auf dem Kilometerstein, der an der Stelle angebracht war, wo der Main in den Rhein mündete: »0,0«.

»Der Rhein kann nur so great and powerfull werden, weil er all die little Flüsse in sich aufnimmt. This is bei einer Ehe genauso! You will only wachsen, wenn ihr nehmt, was your Partner euch gibt«, erklärte Pamela.

Genau! Renate hatte plötzlich *die* Idee. Ja, sie würde alles zurück auf Null setzen. Ihm verzeihen, Günther mehr Zeit widmen, sich in sein Leben einbringen, ihn größer machen.

Sie wollte nicht mehr so viel in der Konditorei arbeiten. Sie würde das Management seiner Bilder übernehmen, auch wenn sie schlecht waren. Egal! Wer Torten verkaufen konnte, konnte auch Bilder an den Mann bringen. Das würde sein Selbstbewusstsein stärken, und dann würde er vielleicht auch bessere Gemälde produzieren. Mit dieser weisen Erkenntnis beeilte sie sich, ihn einzuholen.

*

Zum Glück hatte Pamela in Mainz-Kostheim so viel mit den Streithähnen zu tun, dass sie gar nicht auf die Kirche 35 achtete, an der sie vorbeiliefen. Günther atmete auf – so kam sie wenigstens nicht auf die Idee, etwas mit diesen Stempelsammelheftchen anzustellen. Seins hatte er ja gleich zu Anfang in den Müll geworfen. Traurig war nur, dass sein Riesling langsam zuneige ging. In diesem Moment trat Renate neben ihn und legte ihre Hand auf seine Schulter.

*

Renate fühlte sich jetzt, nachdem sie Günther ihren Plan erzählt hatte, beschwingt, auch wenn ihr die Füße zunehmend schmerzten. Natürlich erwartete sie von Günther keine Freudensprünge. Er musste sich erst einmal an die Tatsache gewöhnen, dass sie ihn höchstpersönlich groß herausbringen wollte.

*

Günther leerte den Rest der Flasche auf ex. Renate hatte ja nicht mehr alle Tassen im Schrank und keine Ahnung von Kunst! So überhaupt gar keine. Seine Bilder waren doch keine Torten!

Lieber wollte er sterben, als dass sie seine Managerin würde. Da fiel sein Blick auf einen hohen Aussichtsturm 36 in gar nicht so weiter Ferne. Ein Wink des Schicksals?

»Ich würde gerne den Ausblick von dort oben genießen!«, rief er Pamela zu, als sie den Turm erreichten.

»A good idea, Gunther. I think, wir können alle an dieser Stelle eine Pause machen. Wer nicht da hochwill, can sich am Mainufer ausruhen.«

Günther hatte schreckliche Höhenangst, aber noch mehr fürchtete er sich vor der Zukunft, die nun vor ihm lag. Er kannte Renate schon seit 40 Jahren und wusste, dass sie von ihrem Plan nicht ablassen würde. Dann lieber sterben, als sie sich in seine Arbeit einmischen zu lassen. Er nahm Stufe um Stufe nach oben.

*

Renate wunderte sich, dass Günther diesen Aussichtsturm hinaufklettere.

»Du bist skeptical?«, fragte Pamela in ihre Gedanken.

»Ja, er hat eigentlich Höhenangst«, antwortete Renate »Und du?«

»Mir macht Höhe nichts aus, aber ich habe keine Kraft mehr, die ganzen Treppen da hinaufzusteigen.«

»Verstehe, aber dein Gunther macht das very good. Das ist ein gutes Zeichen. Er stellt sich seiner Angst. Ich wollte, es wäre bei jedem so easy. Das größte Problem is really, dass er trinkt too much Alkohol.«

»Günther trinkt nicht zu viel!«, verteidigte Renate ihren Mann. Das war ja jetzt wohl das Allerletzte. »Nur weil er zwischendurch gerne mal einen Riesling genießt, heißt es noch lange nicht, dass er ein Säufer ist, der unter dem Brückenbogen landet«, sprang sie für ihn in die Bresche.

»Ja, dearest Renate, schimpfe nur, denn die Wahrheit tut immer weh! Nur raus damit, than you see it … and feel it!«

Renate wollte hierauf nicht antworten. Das war ihr nun wirklich zu blöd. Diese Amis hatten doch eine absolut schräge Weltanschauung. Ihr Günther war alles, nur kein Alkoholiker. Auch wenn sie eigentlich hundemüde war und ihre Füße brannten, machte sie sich trotzig auf, um mit ihm die Aussicht von da oben zu genießen. Jetzt erst recht.

*

Günther war schlecht. Er war weder zu Mord noch zu Selbstmord fähig. Was hatte er sich nur dabei gedacht, hier hochzuklettern? Todesangst machte sich in ihm breit. Wie damals, als ihn seine Klassenkameraden auf den Sprungturm gejagt und anschließend ins Wasser gestoßen hatten … Seine Knie zitterten und er stand dort oben wie festgenagelt. Er hatte keine, wirklich keine Ahnung, wie er je wieder herunterkommen sollte, als plötzlich jemand nach seiner Hand griff.

*

Renate und Günther waren beide sichtlich abgekämpft, als sie unten ankamen. »Danke, Renate!«, flüsterte er ihr zu.

»Lass uns nach Hause gehen, Günther«, entgegnete sie. »Ich glaube, das hier ist nichts für uns. Alles wird gut! Wir schaffen das mit uns auch alleine!«

»Aber nein, lass uns den Weg zu Ende pilgern, dann kann ich mir in Hochheim gleich ein paar Flaschen Riesling besorgen.«

Renate kicherte amüsiert und erzählte auf dem weiteren Weg Richtung Hochheim, was Pamela von ihm hielt, nur weil er ein Fläschchen Wein getrunken hatte.

»Tja, so kann es kommen, wenn jemand von der anderen Seite des Ozeans in diese weinselige Gegend kommt«, sagte Günther, und beide lachten ausgelassen.

*

»At this point konnte die Leiche vom Heiligen Bonifatius nicht mehr in a boat transportiert werden«, erklärte Pamela und zeigte auf ein Denkmal in Form einer steinernen Tafel **37**. Günther las, was darauf geschrieben stand: »Von hier ist der Leichenzug mit dem Leichnam des Heiligen Bonifatius im Jahre 754 n. Chr. über Land nach Fulda aufgebrochen.« Günther runzelte die Stirn, von Leichen hatte er heute genug. Er war wirklich dankbar, dass Renate ihm das Leben gerettet hatte, und dass sie sogar mit ihm zu seinem Lieblingswinzer laufen wollte, obwohl ihr die Füße brannten. Vielleicht war es sogar eine gute Idee, sie seine Bilder verkaufen zu lassen. Er selbst war vielleicht wirklich zu befangen dafür.

Endlich an der Hochheimer Kirche angekommen, war das Glück des sich Vertragens nicht jedem beschieden. Blondi und Lacklederschuh hatten ihren Streit in Schweigen umgemünzt. Der junge Mann klammerte gerade mal nicht, dafür aber seine Frau. Einzig Günther und Renate brauchten sich keine Gedanken mehr um einen neuen Termin bei Pamela zu machen. Sie hatten sich nicht nur versöhnt, sondern auch gegen Pamela verschworen.

»Before we say goodbye, hier an der Hochheimer Kirche **38**, möchte ich mit euch my famous Cookis teilen«, sagte Pamela und holte quietschbunte Kekse aus ihrem Rucksack. »The blue ones für die Männer, the pink ones für die Frauen«, erklärte sie und reichte jedem seinen Keks.

*

»Was ist da drin?«, wollte Renate wissen.

»This ist my Geheimrezept, nur so viel: powerfull Pilger-weg-Wildkräuter and Dinkel!«

Renate kostete eine Ecke und rollte die Augen. Sie liebte süß, aber das hier, das war zu viel! Doch Pamela meinte es gut, deshalb gab sie sich einen Ruck und aß ihn auf, den rosa Keks, und freute sich auf ihre rosige Zukunft mit Günther.

✳

Günther schluckte das letzte Stück des pappsüßen Kekses brav herunter. Er hatte keine Lust auf Diskussionen. Er wollte nur so schnell wie möglich zu seinem Lieblingswinzer. Ach, was freute er sich nun auf einen herben trockenen Riesling!

✳

Renate faltete ihre Hände kniend in der Kirchenbank des Mainzer Domes und schluchzte. Das Kuchengeschäft würde sie ganz in vertrauensvolle Hände abgeben, denn sie hatte jetzt Wichtigeres zu tun. Wie konnte es nur sein, dass Pamela schon wieder verschwunden war? Man spürte Diktatoren und Terroristen in den unmöglichsten Verstecken auf, nur eine kleine, zierliche Frau Ende 50 konnte ständig entkommen? Das war ein Skandal! Wie sie herausgefunden hatte, waren Günther – ihr geliebter Günther – und die zwei anderen Männer von der Bonifatius-Tour nicht Pamelas erste Opfer. Sie hatte schon in den USA zwei Männer mit Schierlingskrautkeksen vergiftet und wurde unter dem Namen Natalie Burner fieberhaft gesucht. Nun lief diese psychopathische Männermörderin immer noch frei herum und suchte sich neue Opfer. Wer wusste schon, in welchem Land, auf welchem Pilgerweg, unter welchem Namen, mit welcher Identität? Renate schwor im Gedenken an ihren verblichenen Günther und ganz im Sinne der beiden anderen trauernden Bonifatiusweg-Witwen: »Ich werde der Polizei Beine machen, und wenn sie nicht spurt, werde ich Interpol einschalten und alle Geheimdienste dieser Welt, bis ich sie finde! Dann lernt die Backanfängerin meine Torten kennen! So wahr mir Gott helfe!«

14 Die Bonifatius-Route; dieser 172 Kilometer lange Pilgerweg, der im Jahr 2004 zum Anlass des 1.250. Todestages des Heiligen Bonifatius eröffnet wurde, hält sich von Mainz bis Fulda beinahe ganz an den Verlauf der Strecke, den der Trauerzug im Jahre 754 nahm, um den Heiligen an seine gewünschte Ruhestätte in Fulda zu bringen. Dafür muss der Pilger nur dem Tourenlogo »Bischofsstab und Kreuz auf rot-weiß kariertem Hintergrund« folgen. Alle Infos über die 36 Etappen, Stempelstellen, Wanderkarten, öffentlichen Verkehrsmittel, Kirchen, Sehenswürdigkeiten und Übernachtungsmöglichkeiten auf: www.bonifatiusroute.de

15 Leichhof Mainz; bis ins 12. Jahrhundert war dieser Platz auf der Südseite des Mainzer Doms ein Friedhof. Danach wurde er zur Bebauung freigegeben. Heute ist dieser Platz Teil der Fußgängerzone, und die ihn umgebenden pittoresken Häuser gehören zu den Kulturdenkmälern der Stadt Mainz.

16 Mainzer Dom; die heutige Bischofskirche der Diözese Mainz wurde über Jahrhunderte von den Mainzer Erzbischöfen und Domherren erbaut und vereint bis heute die verschiedenen Baustile sichtbar in sich. Romanik, Gotik, Barock und Historismus vereinen sich zu einem imposanten Gesamtbild, das einst von Erzbischof Willigis (975–1011) geplant worden war. Es ist unklar, welcher Bau zu Bonifatius' Lebzeiten an dieser Stelle stand. Infos über Gottesdienste, Ausstellungen, Veranstaltun-

gen und der wechselvollen Geschichte des Mainzer Doms
auf: www.bistummainz.de

17 Infoladen Dom; der »Infoladen Bistum Mainz« in der
Heiliggrabgasse 8 (Ecke Augustinerstraße) führt allerlei
Publikationen rund um das Bistum Mainz, Bücher aus
Christlichen Verlagen, Tickets für Veranstaltungen im
Dom, Klosterprodukte, Kreuze, Schmuck etc. Im Info-
laden sind auch die Pilgerhefte für die Bonifatius-Route
erhältlich. Infos zu Öffnungszeiten und der Online-Shop
unter: www.infoladen-bistum-mainz.de

18 St. Johanniskirche; die heute evangelische Kirche ist der
alte Dom von Mainz. Sie ist die älteste Kirche von Mainz
und war spätestens ab dem 6. Jahrhundert eine Bischofskirche. Zu merowingischer Zeit entwickelte sich Mainz
zunehmend zum wirtschaftlichen und spirituellen Mittelpunkt des östlichen Frankenreichs, so durfte ein prächti-
ger Dom nicht fehlen. Bis zur Fertigstellung des mächti-
geren Mainzer Doms in unmittelbarerer Nähe wurde die
St. Johanniskirche weiterhin als Dom genutzt. Nach der
Säkularisation wurde sie dann 1830 zum evangelischen
Gotteshaus. Weitere Infos unter: ska-johannis-mainz.
ekhn.de

19 Mainzer Staatstheater; der Bau wurde zwischen 1829 und
1833 errichtet, im Zweiten Weltkrieg stark zerstört, wiederaufgebaut und schließlich erweitert. Das Staatstheater
verfügt heute über drei Spielstätten und vereint Schau-
spiel, Musiktheater und Tanz unter einem Dach. Infos
über Spielplan und Tickets: www.staatstheater-mainz.
com

20 Marktplatz; der Marktlatz auf der Nordseite des Domes war ab dem 10. Jahrhundert und nach dem Bau des Domes Hauptumschlagplatz der Stadt. Im Zweiten Weltkrieg fielen beinahe alle prächtigen Bürgerbauten um den Marktplatz den Bomben zum Opfer. Zum tausendjährigen Domjubiläum 1975 begann man mit der Umgestaltung des Platzes und rekonstruierte hierfür die Fassaden der zerstörten Gebäude nach. Ende 2008 wurde das alte Fassadenbild fast vollständig wiederhergestellt. Auf dem Markt findet von Januar bis Mitte November dienstags, freitags und samstags von 7 bis 14 Uhr der Wochenmarkt statt. Ab Ende November bis zum 23. Dezember kann auf dem Platz der größte Teil des Weihnachtsmarktes besucht werden.

21 Heunensäule; diese aus Sandstein gefertigte Säule wurde wahrscheinlich einst für den Dombau zu Mainz bestellt und gehauen, kam aber niemals zum Einsatzort, genauso wie die anderen (man geht von insgesamt 14 Pfeilern aus) Heunensäulen, die im Felsenmeer der Bullauer Berge bei Miltenberg gehauen wurden. Die Stadt Miltenberg schenkte der Stadt Mainz 1975 zum 1.000-jährigen Jubiläum des Domes die Säule, die sich seitdem genau in der Mitte des Marktplatzes befindet. Auf ihrer Ummantelung aus Bronze erzählt die Heunensäule viele Episoden aus der Stadtgeschichte.

22 Marktbrunnen; er ist der älteste Renaissance-Brunnen Deutschlands. Erzbischof Kardinal Albrecht von Brandenburg stiftete im Jahre 1526 den Brunnen den Bürgern seiner Stadt. Was als noble Geste empfunden werden kann, hat aber auch eine andere Seite: Der Brunnen ist ebenfalls ein Symbol der Wiederherstellung des Status quo des Adels und des Klerus' nach der Niederschlagung des Bauernaufstandes 1525. Der Brunnen wurde im Laufe der Jahrhunderte einige Male versetzt und befindet sich heute wieder an seinem ursprünglichen Platz.

23 Gutenbergmuseum; das Museum gilt als eines der ältesten Druckmuseen der Welt und wurde im Jahre 1900 an dieser Stelle von den Mainzer Bürgern gegründet. Zu den größten Schätzen gehören zwei original Gutenbergbibeln aus dem 15. Jahrhundert, und zur Hauptattraktion zählt die rekonstruierte Werkstatt Gutenbergs. Die Exponate geben Auskunft über Drucktechnik, Buchkunst, Papier-, Schrift- und Presse-Geschichte. Alle Infos zu Öffnungszeiten und Führungen: www.gutenberg-museum.de

24 Fischtorbrunnen; dieser Brunnen wurde im Jahre 1930/31 errichtet und weist auf die Bedeutung des Rheins hin, der Nahrungs- und Erwerbsquelle vieler Mainzer war. Dass die Fischerei eine große Rolle in der Stadt spielte, zeigt sich auch in den Straßennamen wie »Fischtorstraße« und »Fischergasse«.

25 Mainzer Rheinufer; er unterteilt sich in drei Abschnitte: Adenauer-Ufer, Stresemann-Ufer und Victor-Hugo-Ufer. Das Bild des Rheinufers ist geprägt von Liegewiesen, Spielplätzen, Brunnen, Restaurants, Biergärten, Weinständen, Kunst- und Kulturveranstaltungen. Hier wird vor allem in der warmen Jahreszeit der Mainzer Lebensart gefrönt.

26 Mainzer Rathaus; das moderne Gebäude, im Volksmund auch »Beamtengefängnis« oder »Fuchsbau« genannt, wurde erst 1974 unter dem Bürgermeister Jockel Fuchs erbaut. Dieses ist das erste Rathaus in Mainz seit fünf Jahrhunderten und bietet als sechsstöckiger großzügiger Gebäudekomplex 600 Mitarbeitern Platz. Bewusst wurde das Rathaus am Rheinufer erbaut, um eine Verbindung der Stadt zum Rhein herzustellen. Eine große Herausforderung stellt die Sanierung und Instandhaltung des Rathauses dar.

27 Rheingoldhalle; dieser ebenfalls moderne Bau unweit des Rathauses am Rheinufer wurde 1968 an der Stelle der alten Stadthalle errichtet. Sie dient Veranstaltungen aller Art. 2007 wurde der Komplex saniert und mit modernster Technik versehen. Der größte Saal fasst 1.340 Personen und wird für große Events und Kongresse genutzt.

28 Theodor-Heuss-Brücke; die Brücke wurde ursprünglich von 1882 bis 1885 errichtet und verbindet die rheinland-pfälzische Landeshauptstadt Mainz mit Mainz-Kastel, das heute zur hessischen Landeshauptstadt Wiesbaden gehört. In den 30er-Jahren wurde die Brücke verbreitert und kurz vor Ende des Zweiten Weltkrieges von den Deutschen selbst gesprengt. Nach dem Wiederaufbau 1948 bis 1950 wurde sie im Mai 1950 vom damaligen Bundespräsidenten Theodor Heuss in Betrieb genommen. Sie ist vierstreifig ausgebaut und besitzt breite kombinierte Fußgänger- und Radfahrwege auf beiden Seiten.

29 Das Mainzer Kurfürstliche Schloss; das Schloss aus Sandstein wurde mit vielen Unterbrechungen, aber stets nach dem Plan eines unbekannten Architekten von 1627 bis 1752 von den Mainzer Kurfürsten erbaut. Nach dem Untergang des Kurfürstentums 1803 bekam das Schloss verschiedene Funktionen. Es war Kaserne, Museum, Gemäldegalerie, Bibliothek und vieles mehr. Im Krieg brannte das Schloss fast vollständig aus und wird nach dem Wiederaufbau bis heute als Stätte für Veranstaltungen und Kongresse genutzt.

30 Museum Castellum; das Museum befindet sich in der sogenannten Reduit-Kaserne und beschäftigt sich mit der Geschichte von Mainz-Kastel. Das Gebäude wurde 1830 bis 1834 erbaut und diente der Verteidigung gegen Frankreich. Sie sollte eine Rundumverteidigung sowohl zur Rhein- als auch zur Landseite garantieren. Im Zweiten Weltkrieg wurde das Gebäude zerstört, und nach dem Wiederaufbau dient es bis heute als Heimat für Vereine und dem Museum Castellum. Weitere Informationen über das Museum: www.museum-castellum.de

31 Naherholungsgebiet Maaraue; sie ist eine Halbinsel an der Mündung des Mains in den Rhein. 1184 hielt hier Kaiser Barbarossa einen großen Hoftag ab, der sogar in die sächsischen Weltchroniken einging. Die Aue war später geprägt durch die Flößerei. Heute ist sie ein Erholungsgebiet von Mainz-Kastel bis Mainz-Kostheim (beide Gemeinden gehören zu Wiesbaden) mit Campingplatz, Schwimmbad, Grillplätzen, Sport- und Kleingartenanlagen und einer Bootswerft für Sportboote.

32 Floßhafen Mainz-Kostheim; ein Rheinarm führt vom Hauptstrom zum Floßhafen, wo heute Sportboote liegen und der Kanu-Club Mainz-Kostheim seine Heimat gefunden hat.

33 Freibad Maaraue; es ist das größte Freibad Wiesbadens mit 50.000 Quadratmetern Liegewiese und 3.700 Quadratmetern Wasserfläche. Öffnungszeiten: Vor- und Nachsaison (Mai, Juni, September) Montag bis Freitag: 10 bis 20 Uhr / Samstag, Sonntag und Feiertag: 9 bis 20 Uhr. Hauptsaison (Juli, August) Montag bis Sonntag: 9 bis 20 Uhr.
Preise: Einzelkarte: 4,20 Euro / Kinder 1,50 Euro. Adresse: Maaraue, 55246 Mainz-Kostheim. Weitere Infos unter: www.wiesbaden.de/microsite/mattiaqua/frei-hallenbaeder/freibad-maaraue

34 Mündung Main; hier beginnt Kilometer 0,0 des Mains. Dieses Gebiet wird auch Mainspitze genannt. Im Dreißigjährigen Krieg ließ Schwedenkönig Gustav Adolf auf der Mainspitze eine Festung erbauen, woran nur noch der Ortsname Gustavsburg, das südlich der Mainspitze liegt, erinnert.

35 Kostheimer Kirche St. Kilian; die Kirche, unmittelbar am Mainufer gelegen, ist der fünfte Kirchenbau an dieser Stelle. Alle Vorgängerbauten wurden durch Kriege zerstört. Die St.-Kilians-Kirche wurde 1836 errichtet und 1895 um ein weiteres Seitenschiff vergrößert. Im Zweiten Weltkrieg brannte die Kirche beinahe vollständig aus und wurde 1945 in ihrer jetzigen Form wieder instand gesetzt.

36 Aussichtsturm am Kostheimer Hafen; dieser im Jahre 2011 erbaute Aussichtsturm markiert den Eingang zum Regionalpark RheinMain und wurde in Kooperation der Stadt Wiesbaden mit der »SCA Hygiene Products GmbH« als dezente Stahlkonstruktion realisiert. Der Blick von dem etwa 15 Meter hohen Turm vermittelt Eindrücke vom Main kurz vor der Mündung in den Rhein, von der Kostheimer Schleuse, der Brücke nach Ginsheim-Gustavsburg sowie von Alt-Kostheim. Darüber hinaus wird die industriekulturelle Bedeutung des Ortes durch den papiererzeugenden Betrieb – die SCA – sichtbar. In der Ferne sind Mainz, Wiesbaden und der Taunus zu erkennen.

37 Bonifatius-Denkmal; an dieser Stelle am Mainufer soll der Leichnam des Heiligen Bonifatius vom Schiff auf ein Fuhrwerk umgeladen worden sein, um den weiteren Weg nach Fulda zu bestreiten. Diesem Umstand hat Hochheim seine erste schriftliche Erwähnung in der »Vita Sturmi« des Eigil von Fulda (Entstehungszeit: 791–800) zu verdanken.

38 Katholische Pfarrkirche St. Peter und Paul in Hochheim; sie ist das weithin sichtbare Wahrzeichen der Stadt Hochheim. 1730–1732 erbaut, ist sie die einzige hessische spätbarocke Fresko-Kirche. Die Fresken mussten über Jahre hinweg aufwendig restauriert werden, und nach einem Brand im Jahre 2016 renovierte und restaurierte man das Kircheninnere erneut. Seit Palmsonntag 2017 ist die Kirche wiedereröffnet in ihrer ganzen Schönheit zu besichtigen.

DIE WANDERNONNE

VON LEILA EMAMI

Auf dem Mosel-Camino

Buchhalterin bei einem Motorsägenhersteller, eine harmonisch geschiedene Ehe, keine Kinder, pflegebedürftige Eltern in einem von ihr sehr sorgfältig ausgesuchten Heim, Müsli am Morgen, mittags normal, abends fettarm, wandern in der Gruppe, mittwochs Hormon-Yoga: So lebte Gisela, bis sie eines Nachts von einem Traum aus der Spur geworfen wurde:

Ein Engel mit Heiligenschein und schneeweißen Flügeln schwebte auf sie zu, streckte ihr eine blau schimmernde Kugel entgegen und rief: »Der Herr hat dich gerufen! Seine Welt sei deine Welt, komm und diene!« Doch kaum hatte Gisela die kleine Erde berührt, platzte diese wie eine Seifenblase und der Engel gleich mit.

Normalerweise hätte sie diesen Traum unter Nonsens abgeheftet und vergessen. Aber er hatte sich nach zig alternativlosen Wiederholungen in ihr Gehirn eingeschliffen. Nein, sie brauchte keinen Traumdeuter, um zu begreifen, was das zu bedeuten hatte. Doch was in aller Welt – außer dass sie katholisch war, Ärgernissen wie Männern oder der Fleischeslust aus dem Weg ging – zeichnete sie dafür aus, Nonne zu werden? Es gab nur eine Möglichkeit, dies herauszufinden.

»Herr, bevor ich die Braut deines Sohnes werde und dir diene, will ich mir Gewissheit verschaffen, ob ich dieser Aufgabe gewachsen bin. Deshalb beschütze mich auf dem Mosel-Camino! Amen!«, betete sie mit gefalteten Händen im Zugabteil des ICE, der sie nach Trier brachte. Durch das Pilgern konnte man am besten zu seiner Wahrheit gelangen. Zeitschriften, Blogs und Bücher waren voll von Berichten darüber. Doch überall wurde auch lobend erwähnt, dass man beim Pilgern nie lange alleine blieb, sondern Hinz und Kunz traf. Und genau das wollte Gisela nicht! Aus diesem Grund entschied sie sich dafür, den Mosel-Camino **39** in entgegengesetzter Richtung, somit von Trier nach Koblenz zu pilgern.

In freudiger Erwartung und voller Gottvertrauen verließ sie mit ihrem schweren Wanderrucksack den Hauptbahnhof in Trier und marschierte durch die Stadt zum Ausgangspunkt ihres Fußmarsches.

Sie staunte über sich selbst, denn keine Sehenswürdigkeit interessierte sie heute. Gerade Trier war eine Schatzkammer für Kultur- und Geschichtsinteressierte wie sie. Doch sie ließ die Porta Nigra **40** unbeachtet hinter sich, ging durch die breite Simeonstraße mit den vielen Ladengeschäften und historischen Gebäuden auf den Hauptmarkt **41** zu. Viele Gruppen standen um Stadtführer herum und lauschten deren Geschichten. Menschen aus aller Herren Länder schlenderten herum, Straßenverkäufer boten allerlei Made-in-China-Ramsch oder Do-it-yourself-Ware vor den teuren Boutiquen und Modeläden feil. Ein Bimmelbähnchen schaukelte Touristen von einer Sehenswürdigkeit zur nächsten. Am Hauptmarkt bog Gisela nach links zum Trierer Dom **42** und der direkt daneben gebauten Liebfrauenkirche **43**. Selbstverständlich machte Gisela hier eine Ausnahme, um das Gotteshaus zu besichtigen.

*

Gisbert lief im Trierer Dom herum und seufzte laut. Er musste aufpassen, von keinem der wie hypnotisiert umherwandelnden Kirchenbeschauer übersehen und angerempelt zu werden. Er persönlich konnte mit diesem ganzen Kirchen-Geschnörkel nichts anfangen: Heilige, Kerzen, hohe Wände, gewölbte Decken, Pfeiler, Statuen, Tod und Teufel. Das war ihm so was von egal! Aber er musste sich das alles anschauen, denn er hatte sich gleich nach seinem Entschluss, Schriftsteller werden zu wollen, bei einer Ausschreibung beworben. Die Aufgabe war, einen Kurzkrimi zum Mosel-Camino zu schreiben. Die Herausgeberin des Krimi-Sammelbandes hatte ihm eingebläut, gut zu recherchieren, sonst hätte er als Anfänger neben all den bekannten Autoren, die da mitschreiben würden, keine Chance. Was bildete sich diese Schnepfe ein? Als er seine ersten Geschichten schrieb, war sie noch flüssig! Und nur weil er bis zu seiner Verrentung vor einem halben Jahr seinem Brotjob als Versicherungsvertreter nachgehen musste, hieß es noch lange nicht, dass er ein Schreibanfänger war. Pah, und diese Recherche! Die wurde völlig überbewertet und war nicht sein Ansatz, eine Geschichte zu erfinden. Oder hatte Goethe etwa je ein Meeting mit Mephisto gehabt, oder Schiller mit Tell? Dennoch, er würde ihr zeigen, was eine gründliche und gute Recherche bedeutete. Er sah sich nochmals im Dom um … und konnte immer noch nichts erkennen, was ihn irgendwie ansprach, geschweige denn zu einem Krimi inspirierte. Er gähnte und beschloss, bei der Dominformation ein paar Schriften und Broschüren zu erwerben.

*

Als Gisela aus dem Dom trat, umhüllte ihr Herz eine verliebt-heimelige Wärme. Hach, das Leben als Nonne würde wunderbar. Auf dem weiteren Weg kam sie an der Konstantinbasilika **44** und der Kaisertherme **45** vorbei und dachte darüber nach, dass Jesus Christus noch gar nicht geboren war, als die Römer diese Anlagen errichtet hatten. Oder wurden die Gebäude doch später errichtet? Und Jesus Christus, würde er sie wirklich heiraten? Die erste Antwort ließ sich nachschlagen, die zweite erpilgern. Es war so wunderbar, allein diesen Gedanken nachgehen zu können, ohne sich irgendjemandem erklären zu müssen oder vollgequatscht zu werden.

Als sie dann endlich am Benediktinerkloster St. Matthias **46**, das eigentlich Ziel- und Endpunkt des Mosel-Caminos war, ankam, liefen ihr zwei elegante Mönche in ihren schwarzen Habits über den Weg und grüßten sie freundlich. Diese Mönche, die hatten etwas Erhabenes, sie lebten eine tiefe, echte Wahrheit und seppelten nicht mit blutleeren Köpfen durch die Gegend wie all die normalen Männer. Bis bald, Jungs!, rief sie den Mönchen in Gedanken zu und bog vor dem Tor des Klosters auf den Mosel-Camino. Endlich! Ihr Weg zum Herrn konnte beginnen. Ob die 155 Kilometer lange Strecke, die sie in acht Etappen laufen wollte, sie zu irgendeinem Zeitpunkt an ihrem Entschluss zweifeln lassen würde?

*

Gisbert fand die Kirche des St.-Matthias-Klosters noch weniger inspirierend als den Dom. Zum Glück verstanden sich diese Kirchenleute aber alle aufs Geschäftemachen und würden ihm auch hier Infomaterial verkaufen.

Als Gisbert jedoch den selig lächelnden Mönch hinter der Kasse des Klosterladens der Abtei St. Matthias sah, wusste er, was zu tun war. Der Mörder seiner Geschichte musste ein Mönch sein. Ja, genauso ein fromm lächelnder Mönch, dem niemand auf die Schliche kommen würde! Das war genial! Er würde seinen Krimi mal ganz anders aufziehen. Am liebsten wollte er gleich nach Hause und losschreiben. Aber er hatte noch kein Mordopfer, und sein Rucksäcklein war mit Getränken und Broten für den Tag gepackt. Jetzt würde er noch ein Stückchen des Mosel-Caminos abgehen, dann könnte die Herausgeberin auch nicht meckern.

*

Der Trierer Fuß- und Fahrradweg direkt an der Mosel entlang gefiel Gisela ausgesprochen gut. Ein Streifen Naturidylle am Rande der Stadt. Und sie hatte recht: Die Menschen mit Wanderausrüstung kamen ihr alle entgegen. Sie würde bis Koblenz den Weg für sich haben und jedem Pilger beim Vorbeigehen ein kurzes »Grüß Gott« zurufen. Sie überquerte auf der Kaiser-Wilhelm-Brücke **47** die Mosel.

*

Hatte Gisbert sich etwa verlaufen? Wo war denn dieser Mosel-Camino? Es hieß doch, er wäre so gut ausgeschildert, dass man keine Karte bräuchte. Haha! Sollte er den Weg bis zur Kaiser-Wilhelm-Brücke zurückgehen und noch mal nachsehen, wohin diese Jakobsmuschel zeigte? Dort hatte er sie zum letzten Mal gesehen. Verdammt! War er den ganzen Weg bis zu diesem Pfad, der an den steilen Felsen entlangführte, umsonst hochgestiefelt? Immerhin hatte man von hier oben einen prächtigen Blick auf Trier und die Mosel unten im Tal. Sonst aber auch nichts. Er hatte immer noch keine Idee, wer das Opfer seines Mönches werden sollte. Ein zeitreisender Römer? Ein Tourist aus Japan? Der Bimmelbähnchenfahrer?

In diesem fragenschwangeren Moment stapfte eine Frau an ihm vorbei und trällerte ein fröhliches »Grüß Gott!«.

In der Hoffnung, dass er sich doch nicht verlaufen hatte, rief er ihr hinterher: »Bin ich hier richtig auf dem Mosel-Camino?«

Doch sie antwortete nicht, sondern eilte weiter.

Hallo? War sie taub?

»Hey, warten Sie mal! Gehen Sie auch den Mosel-Camino?«, wollte Gisbert wissen und setzte ihr nach.

*

Giselas Herz raste. Sie schaute zurück. Er kam ihr immer noch hinterher. Wie lange konnte sie mit ihrem schweren Rucksack in diesem Tempo vor ihm weglaufen? Sie musste doch mit ihren Kräften haushalten, sonst war ihre Pilgerschaft von vornherein zum Scheitern verurteilt. Also blieb sie stehen und rief ihm zu: »Sie laufen falsch herum! Kein vernünftiger Mensch geht den Camino rückwärts. Sie müssen von Koblenz aus beginnen, dann können sie auch die Beschilderung mit der Jakobsmuschel nicht übersehen!«

»Was? Es gibt ein Falschherum? Das müssen Sie mir erklären! Sie laufen doch auch in die entgegengesetzte Richtung«, entgegnete er ihr.

»Ich laufe den Camino gar nicht«, log sie und ärgerte sich über sich selbst. Sie begann ihre Pilgerschaft zu Gott also gleich mit einer Lüge. Sie biss sich auf die Unterlippe.

»Mein Name ist Gisbert«, stellte er sich vor, obwohl es sie null interessierte.

»Wenn Sie erlauben, ich wäre gerne allein!«, sagte sie, so ruhig und höflich sie nur konnte.

»Sie würden mir einen großen Dienst erweisen, wenn ich Sie begleiten dürfte, ich brauche nämlich ein paar Informationen«, nervte dieser Rentner in Wandersandalen, als hätte er ihre Bitte nicht gehört.

Wortlos drehte sie sich um und ging weiter ihres Weges. Sie musste ihn abschütteln. Aber war er vielleicht eine Prüfung Gottes? Musste sie jetzt schon zeigen, dass sie auf seinem Wege vieles erdulden konnte?

*

Gisbert erkannte in diesem Augenblick sofort, dass diese zierlich unscheinbare Frust-Erna um die 40 mit der Pisspottfrisur in Straßenköterblond wunderbar als Figur für seinen Krimi taugte. Als Opfer oder noch besser als Tante des Opfers, die den Mönch erwischte. Das war brillant! Er musste ihr eine Weile auf den Fersen bleiben und sie aushorchen. Natürlich ohne seine Absichten zu verraten, sonst verstellte sie sich am Ende noch oder bildete sich was darauf ein.

*

Gisela setzte geduldig einen Fuß vor den anderen, die Worte dieses Gisberts wie Schmeißfliegen im Nacken. Ihr Blick verengte sich zunehmend, statt sich zu weiten. Sie wollte eigentlich diesen Weg, der sich hoch über der Mosel auf einem Hochplateau durch den Wald schlängelte und hier und da den Blick auf die Stadt Trier freigab, genießen. Sie wollte auf den Bänken am Wegesrand Platz nehmen, durchatmen, in sich gehen, beten.

»Also, wenn man mich auf einer einsamen Insel aussetzen würde …«, hörte sie ihn weiterquatschen und wünschte sich ihn genau dorthin, »… dann würde ich eine Taschenlampe, meinen Laptop und ein Stromaggregat mitnehmen. Und Sie, was würden Sie mitnehmen?«, fragte er.

»Ich will auf keine Insel! Lieber sterbe ich!«, gab sie zur Antwort und ein Stich ging ihr durch den Magen. Er hatte sie nun das zweite Mal dazu gebracht, falsch Zeugnis abzulegen. Denn ein Kloster war eine Insel, ihre Insel!

*

Gisbert konnte hochzufrieden mit dieser Frauenfigur sein. Die war ja so mürrisch und unnahbar. Da ließ sich so viel draus machen, sogar eine Mörderin, die den frommen Mönch abmurkste. Das würde die Spannung noch mehr steigern. Stephen King war gestern.

Obwohl seine Füße brannten und er dringend eine Pause nötig hatte, lief er weiter hinter ihr her und rief: »Glauben Sie an Gott?«

Sie blieb kurz stehen, seufzte, ging aber sogleich schweigend weiter.

»Das ist gut, ich glaube auch nicht an Gott! Wovor haben Sie am meisten Angst?«, wollte er nun wissen, denn diese Frage war zur Ergründung einer Figur essenziell. Das wusste jeder, der schrieb. Er stellte die Frage noch einige Male, doch sie antwortete einfach nicht. Da spürte er das Verlangen, sie am Arm zu packen und heftig zu schütteln … Nanu, spürte er gerade das, was ein Mörder empfand?

*

Gisela atmete tief ein und wieder aus. Diese Nervensäge vermasselte ihre Tour, ihren Plan, ihre Mission, alles. Gab es denn keinen Satz aus der Bibel, der ihr spontan einfiel und der ihr eine Stütze bei dieser Prüfung sein könnte? Sie dachte nach, und da war er, der Satz: »Wenn dich einer auf die rechte Wange schlägt, halt die andere auch hin!« Okay, sie würde das durchstehen. Nonnen rasteten ja auch nicht einfach aus, sondern hielten stand.

*

»Ich habe am meisten Angst vor Kühen ...«, rief Gisbert, als sie in ein Kaff mit dem Namen Biewer **48** einbogen, »... und vor schweigenden Frauen!«

Da blieb seine Frauenfigur abrupt stehen und lächelte ihn angestrengt an.

»Dann wäre es wohl das Beste, Sie würden sich in Sicherheit bringen und dahin zurückgehen, wo ...«

Wie interessant, sie verbat sich soeben den Mund und sperrte ihre Wut in ihre geballten Fäuste. Da wollte er doch mal sehen, wie weit er gehen konnte, bis sie explodierte. »Sie haben mir überhaupt nichts zu sagen!«, warf er ihr an den Kopf. »Ich kann Sie so lange verfolgen, wie ich will. Da Sie mir aber nicht auf die Angst-Frage antworten wollen, stelle ich Ihnen eine andere, so lange, bis Sie antworten. Welche Gegenstände würden Sie aus einem brennenden Haus retten?«

»Jetzt reicht's! Ich will alleine sein! Verstehen Sie? A L L E I N E!«, schrie sie ihn an.

Wunderbar, er hatte sie zur Weißglut gebracht. Bevor sie davoneilte, konnte er noch sehen, wie Tränen in ihre Augen stiegen.

Gisbert setze sich zufrieden und erschöpft in Biewer an den Rand eines Brunnens, den die Sandsteinstatue eines Pilgers zierte, und notierte: »Der Mörder-Mönch bringt die Frust-Erna dermaßen zur Weißglut, dass sie ihn erwürgt. Danach entdeckt sie die Leichen in seinem Klosterkeller.« Jetzt war es Zeit, umzukehren und diese Geschichte niederzuschreiben. Doch da fiel ihm ein, ihm fehlte noch eine wichtige Zutat, die wichtigste überhaut: Ein handfestes Mordmotiv des Mönches. Und warum ließ die Frau sich überhaupt so aus der Fassung bringen?

✳

Nachdem Gisela die steilen Treppen, die aus Biewer hinaus in den Wald führten, hinter sich gelassen hatte, sah sie sich um. Gott sei Dank, Gisbert war nicht mehr da. Ja, manchmal halfen nur harte Worte. »Verzeih mir, Herr, dass ich so grob zu ihm war!«

Nach einer Weile des Wanderns durch den Wald beruhigten sich ihre Neven. Und es erschien ihr wie ein Wunder, als am Ende der Wegbiegung eine kleine Marienkapelle sichtbar wurde.

Sie legte ihren schweren Rucksack ab, kniete vor dem Altar nieder und begann zu beten. »Ja, Herr, ich will dir dienen. Ich will mich in die Einsamkeit begeben und mich ganz im Gebet, dir und deinem Sohn ...«

»Aha, da sind Sie ja! Ich hatte schon befürchtet, dass ich Sie verloren habe.«

Diese Stimme, diese Worte durchbohrten sie wie Pfeile.

»SehenSieesistdochnichtsdabeiichwillSienurnäherkennen lernenschließlichsindwirnichtnurPilgersondernhabennoche twasgemeinsamwirbeidehaben ...«, laberte er weiter, weiter, immer weiter.

Oh Maria, Heilige Mutter Gottes, was soll ich nur tun? Hilf mir!, flehte sie stumm.

✳

Gisbert schmerzte jeder Knochen, als sie abends am Endpunkt dieser Camino-Etappe in dem Ort Schweich **49** ankamen.

Nicht nur, dass der Weg hierher sehr lang gewesen war, nein, sie hatte doch tatsächlich Forderungen gestellt und ihren tonnenschweren Rucksack gegen sein Rucksäcklein getauscht. Er war auf diesen Deal eingegangen, dafür hatte sie ihm aber nur läppische zwei Fragen beantwortet. Ganz klar, *sie* würde in seiner Geschichte sterben, nicht der Mönch.

*

Gisela freute sich diebisch, als sie am nächsten Morgen kurz vor Sonnenaufgang das Hotel in Schweich verließ, um die nächste Etappe in Angriff zu nehmen. Eigentlich schade, dass Gisbert noch in irgendeinem Bett, in irgendeinem Hotel völlig am Ende seiner Kräfte lag und schlief. Marias Tipp, ihn ihren Rucksack tragen zu lassen, hatte sie doch sehr entlastet. Sie kicherte zufrieden in sich hinein. Sie würde ihn nie wiedersehen. Genau in diesem Augenblick wurde sie Zeuge eines grandiosen Sonnenaufgangs über dem Moseltal.

*

Gisbert war, während die Sonne glutrot aufging, in einem Rauschzustand, einem Blutrauschzustand! Er hatte keine Sekunde Schlaf gefunden. Nicht nur wegen seiner Rücken-, Bein- und Fußschmerzen, sondern auch weil er kein Hotelzimmer bekommen hatte. Aber er ließ sich nicht von Frust-Erna unterkriegen. Und damit sie ihm nicht durch die Lappen ging, war er nach einem reichhaltigen Abendessen den Mosel-Camino Richtung Koblenz weitergegangen, bis er mitten in der Nacht an dieser Grillhütte am Wegesrand angelangt war. Hier wollte er Gisela auflauern, so lange recherchieren, bis er alles über sie wüsste. Denn eins war klar, sie würde jetzt seine

Mörderin werden. Die Wandernonne, die den selig lächelnden Mönch in die Tiefe stürzte. Das war viel besser! Ja, sie
hatte so etwas Frommes und Fieses zugleich ... und da kam
sie auch schon um die Ecke mit ihrem Höllenrucksack. Sein
Herz begann zu klopfen.

*

Warum nur, warum wurde Gisela ihn nicht los? Ganz klar, weil
sie ihre Prüfung auf dem Weg zur Nonne noch nicht bestanden
hatte. Kein Wunder, Gisbert hatte sie ja auch zum Lügen und
Ausrasten verleitet. Das musste sie gutmachen, aber wie? Da
kam ihr plötzlich die Erleuchtung. Er glaubte nicht an Gott,
also war Gisbert nur aufgetaucht, damit sie ihn bekehren sollte.

*

Gisbert trug seit Stunden des Wanderns durch Wälder, über
Wiesen und jetzt durch die Weinberge nicht nur Giselas Rucksack, er ertrug auch den Schmarrn, den sie von sich gab. War
diese Frau auf der ersten Etappe in Schweigsamkeit gehüllt
gewesen, hatte sie über Nacht diese Hülle in ihrem Hotel liegen lassen. Leider! Sie quasselte ohne Punkt und Komma vom
Reich des Herrn, der Kraft der Gebete, dem Heiligen Pi, Pa
und Po und weiß der Geier noch wem, vom jüngsten Gericht
und der Sünde. Tod und Teufel noch mal. Er musste sich das
nicht anhören. Er nicht. Nicht in seinem Alter, nicht in seinem neuen Leben als Schriftsteller.

Er blieb stehen.

»Was ist los, Gisbert?«, fragte sie. Statt zu antworten,
schaute er am Wegesrand zwischen einer Weinbergzeile den
Abhang hinunter.

»Sicherlich staunst du darüber, wie es möglich ist, an diesen höllisch steilen Hängen Wein anzubauen. Der Winzer läuft immer Gefahr, abzustürzen. Dies ist Gottes …«

»Lass mich in Ruhe mit Gott und den Winzern! Ich habe mich entschlossen, mich an dieser Stelle von dir zu verabschieden.«

»Was? Aber du kannst doch jetzt nicht einfach gehen. Ich habe dir einiges zu erklären und dir Gott näherzubringen.«

Gisberts Magen krampfte. »Nein, kein Wort mehr!« Er zog Giselas Rucksack von seinen Schultern und stellte ihn am Rand des Weinbergs ab.

»Wir müssen aber doch sowieso in die gleiche Richtung gehen. Der nächste Ort Klüsserath **50** ist in wenigen Kilometern erreicht. Du willst doch nicht etwa den ganzen weiten Weg zurück nach Schweich laufen?«

»Ich will nur meine Habseligkeiten!«, sagte Gisbert nüchtern und war erleichtert, dass Gisela keine Zicken machte, ihm sein Rucksäcklein ohne Umschweife zurückgab und sich ihren eigenen Hausrat aufzog.

»Am besten, du wartest hier noch eine halbe Stunde und gibst mir einen Vorsprung. Ich will nicht, dass wir uns begegnen. Vielleicht hast du beim Missionieren anderer mehr Erfolg!«, sagte er.

»Du glaubst doch wohl nicht im Ernst, dass ich dich so einfach gehen lasse. Du bist meine ganz persönliche Prüfung auf dem Weg zu Gott!«, rief Gisela sogleich.

Doch Gisbert entgegnete ihr voller Inbrunst: »Ich pfeife auf deinen dämlichen Gott, und jetzt, wo ich dich kennengelernt habe, erst recht!«

Da geschah genau dasselbe wie gestern. Gisela verlor die Fassung. Schnaubend und mit geballten Fäusten kam sie auf ihn zu, das Gesicht wutverzerrt. Gisbert stand da wie angewurzelt und staunte. Da traf Giselas Faust seine Brust. Einmal, zweimal. Die hatte wohl den Verstand verloren. Gisbert stieß die Furie von sich. Gisela taumelte einige Schritte rückwärts, trat in die Weinbergzeile hinter sich, kam ins Trudeln, ins Rutschen und stürzte mit einem lauten Schrei den Abhang hinunter. Gisbert eilte an die Stelle, blickte in die Tiefe, doch da waren nur Staub und darin ihr ersterbender Schrei. Ihr schwerer Rucksack zog sie wahrscheinlich immer schneller in den Tod. Und als sich der aufgewirbelte Staub zwischen den sattgrünen Weinblättern gelegt hatte, war von ihr weder etwas zu sehen noch zu hören. Wo immer sie dort unten zerschellt war, helfen konnte er ihr sowieso nicht mehr.

Während Gisbert seinen Weg nach Klüsserath fortsetzte, um die Tour dort zu beenden, wurde ihm eines klar: Wenn er diesen Krimi schrieb, könnte es sein, dass irgendjemand Giselas Tod mit ihm in Verbindung brachte. Dann war es vorbei mit seinem Traum vom Schriftstellerleben. Verdammt, diese Ausschreibung konnte er somit glatt vergessen! Nun war er restlos davon überzeugt, dass Recherche nicht nur überflüssig, sondern auch unheilvoll war.

39 Mosel-Camino; seit 2008 ist dieser Pilgerweg von Koblenz bis Trier als Teil des Jakobsweges nach Santiago de Compostela mit der gelben Jakobsmuschel auf blauem Grund markiert. Auf ihm können Pilger von der Burg Stolzenfels in Koblenz in acht Etappen nach Trier zum Grabmal des Apostels Matthias pilgern. Von Trier aus führt der Weg weiter nach Santiago de Compostela. Weitere Infos auf: www.mosel-camino.info

40 Porta Nigra; der 180 n. Chr. von den Römern errichtete Bau ist das Wahrzeichen Triers. Es ist das besterhaltene römische Stadttor nördlich der Alpen und gehört zum UNESCO-Weltkulturerbe. Um das Jahr 1028 ließ sich der byzantinische Mönch Simeon als Einsiedler in der Porta Nigra nieder und ließ sich darin angeblich einmauern. Nach seinem Tod wurde er 1035 im Erdgeschoss beigesetzt und im gleichen Jahr heiliggesprochen. Daraufhin wurde die Porta Nigra zu einer Kirche umgebaut. 1802 ließ Napoleon die Kirche aufheben und ordnete deren Rückbau zum römischen Stadttor an. Von der ehemaligen Kirche ist heute nur noch die Apsis zu sehen. Weitere Infos zu Geschichte, Besichtigungs- und Öffnungszeiten: www.zentrum-der-antike.de

41 Hauptmarkt Trier; die Stadt erhielt 958 das Marktrecht, seither gehört der Hauptmarkt zum Zentrum der Stadt. Diente er einst als Warenverkaufs- und Handelsplatz, laufen heute die Geschäftsstraßen Triers hier zusammen. Vom Hauptmarkt gelangt man zum Dom, durch die

Judenpforte in die Judengasse, dem ehemaligen Juden-
viertel Triers. Weiterhin warten hier viele Sehenswürdigkeiten wie das Marktkreuz, der Pranger, der Petrusbrun-
nen und historische Gebäude im Stil der Renaissance, des
Barock und des Klassizismus auf den Besucher.

42 Trierer Dom St. Petrus; er ist die älteste Kirche Deutschlands. Im Zuge der Konstantinischen Wende wurde an
dieser Stelle 310–320 eine Basilika errichtet und sukzes-
sive um mehrere Bauten erweitert. Sie galt als größte Kir-
chenanlage Europas. Durch Zerstörung, Wiederaufbau
und Erweiterungsbauten sind am Dom sämtliche bauge-
schichtliche Phasen vom 4. Jahrhundert bis heute ables-
bar. Der Trierer Dom ist eine bedeutende Wallfahrtsstätte,
da sich hier wichtige Reliquien wie die Tunika Christi
(Heiliger Rock), das Turiner Grabtuch und ein Heiliger
Nagel vom Kreuz Christi befinden. Weitere Informationen zu Baugeschichte und Öffnungszeiten unter: www.
dominformation.de

43 Liebfrauenkirche; durch Kaiser Konstantins Stiftungen
entstanden im 4. Jahrhundert die Geburtskirche in Beth-
lehem, die Grabeskirche in Jerusalem, die erste Sophien-
kirche in Konstantinopel, die Peterskirche sowie die
Laterankirche in Rom und die Doppelkirchenanlage in
Trier: die Hohe Domkirche und die Liebfrauenkirche.
Als die Liebfrauenkirche baufällig wurde, beauftrage Erzbischof Theoderich von Wied (1212–1242) französische
Baumeister mit dem Neubau. Auf diese Weise entstand
eine der seltenen Zentralbauten im rein hochgotischen
Stil der Champagne. Nach der Eroberung Napoleons
wurde die Kirche durch das Zumauern der Portale vom

Dom getrennt und zu einer eigenständigen Pfarrkirche. Nach ihrer Zerstörung im Zweiten Weltkrieg wurde sie aufwendig restauriert und ist seit 1951 eine Päpstliche Basilika Minor. Sie gehört ebenfalls zur UNESCO. Weitere Infos und Öffnungszeiten: www.liebfrauen-trier.de

44 Konstantinbasilika; zu Beginn des 4. Jahrhunderts erbaut, diente sie als kaiserlicher Prunksaal und Audienzhalle. Dass diese riesige Halle einst mit Marmor, Mosaiken und Statuen geschmückt und sogar beheizbar war, zeugt vom Einfluss und der Macht der Römer auch nördlich der Alpen. Im Mittelalter bis in die Neuzeit hinein wurde sie als Kirche, Palast, Festung und zu anderen Zwecken genutzt. Seit 1856 ist sie eine evangelische Kirche und gehört ebenfalls zur UNESCO. Weitere Infos unter: www.konstantin-basilika.de

45 Kaisertherme; diese römische Badeanlage wurde im 3. Jahrhundert nach Christus als kaiserliches Geschenk an die Bevölkerung errichtet und gehörte zu einem kaiserlichen Palastbezirk. Sie war neben den Thermen am Viehmarkt und der Barbara-Therme die dritte Anlage dieser Art in Trier, wurde aber niemals als solche vollendet, da der Bau aufgrund des Kampfes um die Alleinherrschaft Kaiser Konstantins gestoppt wurde. Im 4. Jahrhundert wurde die Anlage zu einer Kaserne umgebaut. In den folgenden Jahrhunderten folgte die Nutzung als Stadtmauer, Burg und Kloster. Heute gehört die Anlage zum UNESCO-Welterbe und kann besichtigt werden. Alle Infos hierzu auf: www.trier-info.de/kaiserthermen-preise-und-zeiten

46 Benediktinerabtei St.-Matthias; sie ist eine bedeutende Pilgerstätte, denn seit dem 12. Jahrhundert befindet sich in der Basilika des Klosters das Grab des Apostels Matthias, das einzige Apostelgrab in Deutschland. Die Mönchsgemeinschaft besteht heute aus elf Mitgliedern, die sich in der Seelsorge, dem Empfang der Pilger, in handwerklicher und wissenschaftlicher Arbeit engagieren. Weitere Infos unter: www.abteistmatthias.de

47 Kaiser-Wilhelm-Brücke; diese Brücke über die Mosel, die seit 1870 gefordert wurde, konnte 1913 eingeweiht werden. Um dem Landschafts- und Stadtbild Triers zu genügen, wurde diese zweite Brücke Triers den bestehenden Bauten angeglichen. Die Stahlbetonkonstruktion wurde hierfür mit Natursteinen verblendet, um keinen Kontrast zur Römerbrücke, der ersten Brücke Triers entstehen zu lassen. 1945 wurde die Brücke von den Deutschen selbst zerstört und nach dem Krieg wiederaufgebaut. Trier bekam 1973 mit der Konrad-Adenauer-Brücke ihre dritte Brücke.

48 Biewer: Der kleine Ort mit heute etwa 2.000 Einwohnern gehört – auf der linken Moselseite gelegen – zur Stadt Trier auf der rechten Moselseite. Schon während der Gründung Triers im Jahre 16 v. Chr. führte eine Römerstraße von Trier an Biewer vorbei, an der Mosel entlang bis nach Köln. Weitere Infos auf: www.trier.de

49 Schweich; die Stadt an der Mosel war bereits zur Zeit der Römer besiedelt. Die erste schriftliche Erwähnung Schweichs stammt aus dem Jahr 721. Darin ist urkundlich erwähnt, dass die fränkische Edeldame Bertrada und ihr

Sohn Charibert dem Kloster Prüm einen Schweicher Hof schenkten. 762 ging der ganze Ort in den Besitz des Klosters über. Dass Schweich einen bedeutenden Fährbetrieb hatte, zeigt der alte Fährturm. Heute ist Schweich ein moderner lebendiger Ort mit vielen Übernachtungs- und Einkehrmöglichkeiten für Pilger. Weitere Infos: www.schweich.de

50 Klüsserath; der Wein-Ort liegt idyllisch in einem natürlichen Amphitheater des Moseltals. Seine Weinberge wachsen auf den steilen (85% Neigung) Südhängen der Mittelmosel. Der Ort wurde vor den Römern von den Kelten besiedelt und hat eine lange Tradition des Weinbaus. Auch im Mittelalter und in der Neuzeit spielt der Weinbau eine tragende Rolle in der Geschichte des Ortes. Heute ist Küsserath ein modernes Winzerdorf mit Tradition, wie es auf ihrer Homepage heißt: www.kluesserath.net

DER YETI IM SUPPENTOPF

VON LEILA EMAMI

Auf dem Rheingauer Klostersteig

»Der will doch hoffentlich nicht pilgern«, hörte Lukas einen
Mann um die 50 vor der Vinothek von Kloster Eberbach **51** sagen.
»Immerhin ist er nicht allein. Sicher führt ihn die Frau über den
holprigen Weg«, raunte die Stimme einer jungen Frau zurück.
Sie redeten eindeutig über Tante Usch und ihn. Sie ahnten nicht,
dass Lukas sie auch auf diese Entfernung hören konnte. Viele,
denen sie bisher auf ihren Touren begegnet waren, taten so, als sei
ein Blinder auf Wanderschaft unwahrscheinlicher als ein Yeti im
Suppentopf. Diesen Vergleich hatte ihm jedenfalls ein Mann auf
ihrer letzten Himalaja-Tour an den Kopf geworfen. Schwamm
drüber! Für heute und morgen hatten er und Tante Usch sich
ein andächtig genüssliches Pilgern auf dem 30 Kilometer langen
Rheingauer Klostersteig **52** vorgenommen. Der Besuch der
zahlreichen Klöster und Kirchen am Wegesrand, der Duft des
Rheins und Weins in der Luft, der Klang der Wälder, Weinberge
und Felder allerorten – darauf freute er sich schon seit Tagen.
Lukas hörte den Startschuss ihrer Tour: Das Klicken des Bauch-
riemens von Tante Uschs Rucksack.

*

»Na, dann wollen wir mal unsere extrascharfen Polzisten-Augen
offen halten, Fräulein Zimmermann«, sagte Simon und zwinkerte seiner Auszubildenden zu. Die war aber auch süß, die

deutsch-japanische Pfirsichblüte! »Und hier ist Ihr Pilgerpass!«, ergänzte er und reichte Yoko Zimmermann das Heftchen.

»Wozu ein Pilgerpass? Ich dachte, wir sollen den Rheingauer Klostersteig inspizieren und eine Empfehlung abgeben, welche Etappe wir so sichern können, dass Prinz Charles und Camilla in Ruhe pilgern können.«

»Pilgern? Die flanieren mit ihrem Tross höchstens ein paar Schritte, lächeln in die Kameras und kaufen Wein. Aber Mädchen, die unterwegs brav alle Stempel in ihrem Pilgerpass gesammelt haben, die bekommen am Ende der 30-Kilometer-Tour im Kloster Marienhausen eine Belohnung«, erklärte Simon und drückte ihr das Heftchen mit Nachdruck in die Hand.

Sie verließen das Gelände des ehemaligen Zisterzienserklosters Eberbach und bogen in den steilen Waldweg ein, der den Beginn des Pilgerweges markierte. Plötzlich raunte Yoko: »Sehen Sie die da ganz oben am Hang? Das ist der blinde junge Mann mit seiner Begleiterin. Die pilgern tatsächlich! Das ist ...«

»Sagen Sie doch Du zu mir! So unter Pilgern ist das üblich«, unterbrach Simon sie.

»Aber Sie sind doch mein Vorgesetzter, außerdem so viel älter und ...«

»Heute und morgen bin ich Ihr Weggefährte ... Also? Simon!«, sagte er.

Sie zögerte, doch dann ergriff sie seine Hand, die er ihr energisch entgegenstreckte. »Yoko!«

»Yoko! Ein sehr schöner Name. Was fragten Sie ... ähm, ich meine, was sagtest du gerade eben?«

»Der blinde junge Mann ist in diesem steilen Gelände flotter unterwegs, als ich dachte. Aber die überholen wir locker!«

✳

Lukas setzte beschwingt einen Fuß vor den anderen, ohne dabei Tante Uschs Hand loszulassen, die dicht vor ihm ging. Sie waren seit fünf Jahren ein eingespieltes Team. Gemeinsam entdeckten sie auf ihren Touren weitaus Interessanteres und Tiefgründigeres als Yetis in Suppentöpfen. Sie erzählte ihm von all den Formen und Farben, die sie sah, und führte ihn sicher durch das Gelände, dafür berichtete er ihr über die Geräusche, Gerüche und Geschmäcker, die den Sehenden gerne verborgen blieben. Er konnte sogar die Bäume miteinander wispern hören. Heute harrten sie aber in stiller Erwartung auf den Frühling und sogen bereits schmatzend Wasser aus der getauten Erde in ihre Äste. Nun lauschte er dem Rauschen des Windes in den noch unbelaubten Baumwipfeln. »Trrrrr-trrrrrr-trrrrrrr«, hämmerte es plötzlich im Wald. Lukas musste vor lauter Glück lachen. Das war ein Specht, genauer gesagt, ein Buntspecht, der mit seinem Trommelwirbel um ein Weibchen warb. Er konnte alle Spechtarten anhand ihres Klopfens, Trommelns und Schlagens unterscheiden.

*

»Und, Yoko, was hältst du von diesem Teilstück des Weges?«, fragte Simon, bevor sie den Blinden erreicht hatten, und versuchte dabei, seinen Atem zu kontrollieren.

»Viel zu unübersichtlich und zu steil für Charles und Camilla«, antwortete Yoko.

Simon wollte dazu noch einiges erklären, doch mehr als ein: »Kluges Kind!«, brachte er nicht heraus. Die ambitionierte Kleine hatte nämlich ein atemberaubendes Tempo drauf, womit er unmöglich auf der kompletten Distanz mithalten konnte, ohne sich lächerlich zu machen. Um seine Fitness war es nach seinem letzten Bandscheibenvorfall schlechter bestellt, als er es sich vorgestellt hatte. Da kam ihm eine Idee, wie sie einzubremsen war.

*

Nirgendwo anders als in diesem Wald wollte Lukas jetzt sein. Ihre gleichmäßigen Schritte im Laub, das »Trrrrr-trrrr-trrr« des antwortenden Buntspecht-Weibchen und … »Tok-tok-tok-tok!« Nanu, was war das? Sicher der Förster, der ein Vogelhäuschen aufhängte, dachte Lukas. Doch da war noch etwas anderes. Er lauschte eine Weile, bis er sich sicher war.

»Tante Usch«, raunte er ihr zu, »wir haben Verfolger!«

»Verfolger?« Tante Usch blieb stehen und spähte durch den Wald. »Ich sehe niemanden. Aber der Weg gehört uns nicht allein. Das werden andere Pilger sein.«

»Nein, es sind Verfolger. Sie bleiben absichtlich immer im gleichen Abstand zu uns, indem sie sich zwischendurch am Wegesrand verbergen«, erklärte Lukas.

»Solange es keine Wölfe sind. Komm, lass uns hier am Unkenbaum 53 eine Rast einlegen.«

*

Was für eine geniale Idee, den blinden Pilger zu verfolgen, so mussten sie öfter im sicheren Abstand eine Pause einlegen, wo er die Gelegenheit wahrnahm, zu verschnaufen und sich stilvoll in Yokos Herz zu pirschen, indem er sie in die Kunst der unauffälligen Verfolgung einweihte.

»So, liebe Yoko, nun sind wir am höchsten Punkt der Strecke, an der Hallgarter Zange 54 angekommen«, erklärte er nach den ersten Lektionen, »weiter vorne gibt es einen Kletterwald 55. Keine Angst, Klettern steht heute nicht auf dem

Lehrplan. Dort gibt es aber ein Restaurant. Da lade ich dich zum Abendessen ein. Die haben sicher ein ruhiges, lauschiges Plätzchen für uns beide!«

»Dort hinten an dem Tisch sitzen ja der Blinde und seine Führerin und essen zu Abend!«, rief Yoko, als sie das Restaurant erreicht hatten. »Wie schön, dann setzen wir uns doch gleich zu ihnen. Dabei können wir sie vielleicht auch unauffällig belauschen«, schlug Yoko nicht zu Simons Freude vor.

※

Nachdem Tante Usch bezahlt hatte, konnte Lukas seine Neugierde nicht mehr unterdrücken und fragte die beiden wortkargen Fremden, die sich zu ihnen an den Tisch gesetzt hatten: »Darf ich fragen, warum Sie uns verfolgen?«

»Wie kommen Sie denn darauf?«, stieß Simon erstaunt hervor.

»Seine Ohren sind besser als die einer Fledermaus«, antwortete Tante Usch und ergriff Lukas' Arm. »Komm, lass uns gehen! Wir hinken der Zeit bereits hinterher und haben noch ein paar Kilometer vor uns.«

»Das ist faszinierend, Ohren wie eine Fledermaus«, rief ihnen die fremde Frau begeistert hinterher, »das Einzige, was ich gehört habe, war ein Buntspecht!«

Lukas blieb stehen und drehte sich zu ihr herum. »Sie können auch Spechte unterscheiden?«

»Das ist gar nicht so schwer, wenn man weiß, worauf man achten muss.«

Ihre Antwort ließ sein Herz höher schlagen. »Und haben Sie auch dieses andere Klopfen im Wald gehört?«, wollte er wissen.

»Nein, dafür sind meine Ohren wohl nicht gut genug.«

»Meine aber«, rief der fremde Mann in ihre Unterhaltung, »das waren südafrikanische Waldarbeiter!«

»Komm, Lukas, lass uns gehen, sonst wird es zu spät«, sagte Tante Usch und zog ihn weiter.

✳

Simon runzelte die Stirn. Hatte Yoko dem jungen Mann eben schöne Augen gemacht? Und wenn schon, der konnte sowieso nichts sehen. Auf jeden Fall musste Simon sich jetzt etwas anderes einfallen lassen, um Yokos Tempo zu drosseln. Sie sollte nicht auf den Blinden, sondern mehr auf den Weg und vor allem auf ihn achten, verdammt und zugenäht!

»Wir haben genug über Verfolgung gelernt, jetzt zeige ich dir, worauf es genau bei der Sicherung von Personen im Wald ankommt.«

»Wir sollten sie trotzdem nicht aus den Augen verlieren, vor allem nicht den jungen Mann!«

»Aha, und warum nicht?«, wollte Simon wissen.

»Wer so ein Gehör hat, könnte doch der Polizei nützliche Dienste leisten.«

Da konnte Simon nicht an sich halten und begann lauthals zu lachen. »Du schaust zu viele amerikanische Krimiserien und japanische Mangos oder wie diese Comics heißen. Bei der deutschen Polizei sieht der Alltag mit all den Paragrafen und Vorschriften ganz anders aus. Dir werden noch die Augen und Ohren übergehen. Du kannst nur froh sein, dass du mich hast, so wird es wenigstens nicht langweilig.«

✳

Sogar als sie am späten Abend am Schloss Johannisberg 56 ankamen, musste Lukas an die junge Frau denken. »Und du bist dir sicher, dass die beiden Polizisten waren?«, fragte er.

»Natürlich! Ich habe seine Regenjacke mit der Polizeiaufschrift gesehen, als er sie aus seinem Rucksack ziehen musste, um an sein Portemonnaie zu kommen«, antwortete Tante Usch.

»Aber warum sollte uns die Polizei verfolgen?«

»Es gibt überhaupt keinen Grund dafür! Deshalb will ich hoffen, dass sie uns in Ruhe lassen.«

Als Tante Usch die Schönheit Johannisbergs mit dem barocken Schloss und der romanischen Basilika **57** schilderte, konnte er ihr kaum zuhören, so sehr sehnte er sich die Fremde herbei: nicht nur als Frau, sondern auch als Polizistin. Denn die Klopfgeräusche im Wald hatten bis jetzt nicht aufgehört. Es war eindeutig, da schlug irgendjemand Löcher in die Bäume. Er hatte eine dunkle Vorahnung, wozu das dienen sollte, und meinte, die Bäume um Hilfe rufen zu hören. Aber er konnte Tante Usch seinen Verdacht nicht mitteilen. Sie würde sich zu sehr ängstigen, und alleine konnte er sich ja schlecht jenseits der Wege auf die Suche begeben. Oder doch?

✳

»Ich habe dich insgesamt zu wenig gelobt, finde ich«, startete Simon seine nächste Charme-Offensive. Die Dämmerung hatte eingesetzt, und das romantische Licht der sinkenden Sonne könnte Yokos Herz zusätzlich und endlich erweichen lassen.

Doch stattdessen beschleunigte sie wieder mal ihre Schritte und sagte: »Also, ich glaube trotzdem, dass wir uns wenigstens hätten die Telefonnummer des blinden Mannes geben lassen sollen. Hoffentlich treffen wir ihn noch einmal.«

Simon verdrehte die Augen. »Du hast einen ganzen Kerl verdient, der kann doch überhaupt nicht auf dich aufpassen!«, entgegnete er ihr.

Aber sie stellte sich taub und eilte weiter. Hatte er was Falsches gesagt?

»Da sind die beiden ja! Da hinten, an der Basilika«, rief Yoko, als sie Johannisberg erreichten, und rannte davon.

Falls alle japanischen Frauen so waren, wunderte es Simon nicht, dass die Schlitzaugen Godzilla, die Monsterechse erfunden hatten. Von wegen Pfirsichblüte.

*

Lukas konnte sein Glück nicht fassen. Kaum hatte er sich die junge Frau herbeigewünscht, stand sie nicht nur vor ihm, sondern wollte ihn auch noch auf dem Weg Richtung Kloster Marienthal 58 begleiten, wo Tante Usch und er in einem der Abtei nahe gelegenen Hotel übernachten wollten. Diesem Pilgerweg wohnte ein wunderbarer Zauber inne, davon war er nun überzeugt. Ob sie auch bereit war, mit ihm diesem mysteriösen Klopfen nachzugehen?

»Moment, Moment, vielleicht erklären Sie mir mal, was Sie überhaupt von uns wollen«, zischte Tante Usch.

»Gar nichts! Ich will Ihnen unterwegs erklären, weshalb wir sie verfolgten. Wir wohnen übrigens auch in dem Hotel in Marienthal«, beeilte sie sich, Tante Usch zu beruhigen.

*

Vielleicht sollte er Mönch werden? Im Kloster Marienthal, das in unmittelbarer Nähe seines Hotels lag, hatten die keuschen Männer sicher noch einen Platz für einen älteren Herrn wie ihn, der schamlos stehen gelassen worden war.

Simon krallte sich in seiner Bettdecke fest. Wut kroch seine Adern empor. Was erlaubte sich Godzilla eigentlich, einfach hinter diesem Blinden herzulaufen und ihre Aufgabe zu vernachlässigen? Leider konnte er ihr daraus keinen Strick drehen, denn …

In diesem Augenblick klopfte es an seiner Zimmertür. Er schnellte in seinem Hotelbett hoch. Yoko? Es wurde aber auch Zeit! »Ich komme«, rief er der Tür entgegen, richtete mit den Fingern hastig sein Haar, sprühte je einen Stoß Deo unter seine Achseln und riss, nur mit Unterhose bekleidet, die Tür auf.

»Kommen Sie schnell, unsere Jugend ist verschwunden!«, rief ihm nicht die Pfirsichblüte, sondern die Wandertante seines Nebenbuhlers entgegen.

✳

»Was glaubst du, wer könnte hinter dem Klopfen stecken?«, fragte Yoko, als sie sich Hand in Hand durch den nächtlichen Wald arbeiteten.

»Jemand schlägt unermüdlich Löcher in Baumstämme, so wie es der Specht tut«, antwortete Lukas.

»Ein Specht braucht eine Bleibe und Nahrung. Aber warum sollte ein Mensch so etwas tun?«

Lukas zögerte mit der Antwort, doch dann ließ er die Worte frei: »Hier kann nur ein Baummörder sein Unwesen treiben. Ein sehr durchtriebener und gründlicher Baummörder. Wir müssen ihn aufhalten!«

»Großer Gott, was ist ein Baummörder?«

»Ich habe davon gelesen. In Süddeutschland wurde ein Mann geschnappt, der in seinem Heimatdorf die ältesten und größten Bäume ermordet hat. Dafür schlug er Löcher in sie hinein und spritzte Gift in die Giganten, sodass sie innerhalb von einem halben Jahr jämmerlich zugrunde gingen.«

»Wie fürchterlich! Warum in aller Welt ermordet jemand solch unschuldige, prächtige Wesen?«

»Meine Erklärung dafür ist ein Mensch, der Kontrolle auf seine Umgebung ausüben möchte, aber zu schwach ist, sich dafür mit seinen Mitmenschen auseinanderzusetzen. Wenn er den Bäumen beim Sterben und den Menschen beim Verzweifeln zusieht, fühlt er sich mächtig.«

»Ja, aber, was hat so jemand am Klostersteig zu suchen?«

»Vielleicht hat er ja ein Problem mit der Kirche?«

»Hm, ich weiß nicht ...«

»Psssst! Hörst du das? Da sind doch Schritte tief im Wald!«

*

»Die sind sicherlich nicht in Gefahr. Wahrscheinlich unternehmen die beiden einen romantischen Spaziergang im Mondschein. Dafür ist die Polizei nicht zuständig«, erklärte Simon und knirschte mit den Zähnen. Diese Frau glaubte doch wohl nicht im Ernst, dass er mitten in der Nacht Godzilla und ihre Blindschleiche beim Stelldichein erwischen wollte.

*

Dies war das ungewöhnlichste Abenteuer, das Lukas je erlebt hatte, und Yoko war unschlagbar. Sie führte ihn so sicher durch das Unterholz, wie er es nicht für möglich gehalten hätte. Lukas blieb stehen und lauschte, in welche Richtung sie nun gehen mussten. Doch die Schritte des Verdächtigen waren verstummt. Er hörte nur noch sein Herz schlagen, Yokos Atem und aus weiter Ferne das Rufen eines Kauzes. Doch da begann plötzlich das Klopfen wieder. »Es ist nicht weit weg«, flüsterte Yoko.

*

»Wenn das so ist, werde ich Ihre Kollegen um Hilfe bitten müssen, während Sie untätig die Füße hochlegen«, hörte Simon die schnippische Stimme der Wandertante, bevor er seine Zimmertür ganz verschlossen hatte. Das hatte ihm gerade noch gefehlt! Er riss die Tür auf und rief ihr entgegen: »Unterstehen Sie sich! Sie würden Yoko in eine unangenehme Situation bringen! Schließlich ist Sie noch in der Ausbildung.«

Doch sie zückte bereits ihr Handy.

»Dann werde ich Ihnen in Gottes Namen höchstpersönlich beweisen, dass die beiden irgendwo da draußen rumturteln«, hielt er sie davon ab, ihn vor den Kollegen zu blamieren.

*

Ein Yeti in der Suppenschüssel könnte mehr ausrichten als er jetzt. Er war zum Warten verdammt. Ging es Yoko gut? Während sie ihr Leben aufs Spiel setzte, stand er nur da, die Handfläche an einen Baumstamm gelegt, und versuchte, die Lage zu erhören. Doch es ging drunter und drüber: Fluchen, Stöhnen, Keuchen, jetzt folgten dumpfe Schläge, hektische Tritte, rascheln des Laubs, dann ein Schrei aus Yokos Kehle. Er ging Lukas durch und durch. Seine Knie zitterten und Tränen der Angst liefen ihm die Wangen herunter. Roch er Blut? Yokos Blut?

»Lukas!«, hörte er plötzlich Yokos Stimme. »Lukas, du musst mir helfen!«

*

»Was?«, schrie Simon in sein Handy. »Bleib, wo du bist, ich bin sofort da!«

»Was ist passiert?«, wollte Usch wissen.

»Die Ausreißer sind aufgetaucht, und ich bin sauer, stinksauer«, fauchte Simon und eilte zurück ins Hotel.

»Rufen Sie mir ein Taxi zum Offermann-Teich, schnell!«, rief er der Rezeptionistin zu.

»Zum Offermann-Teich? Aber das ist mitten im Wald, ich …«

»Dalli, dalli«, befahl Simon und zog seine Dienstmarke aus der Hosentasche, »Polizei!«

Simon trommelte während des Wartens ungeduldig mit den Fingern auf den Tresen. Er würde Godzilla gleich dermaßen die Leviten lesen, dass ihr die Ohren dampften. Er würde …

»Ich komme mit«, rief Usch in seine Gedanken.

*

»Tante Usch, du bist auch mitgekommen, wie schön!«, rief Lukas eine Viertelstunde später am Ufer des Teichs und umarmte sie erleichtert.

»Wo ist God…, ich meine Yoko?«, wollte Simon wissen.

»Hier bin ich!«, rief Yoko aus dem nachtschwarzen Unterholz. »Schau, was ich für dich habe, Simon.«

»Wer ist das?«, fragte Simon, als er den Fremden am Waldboden im Lichtkegel seiner Taschenlampe erblickte.

»Der Baummörder vom Klostersteig!«, erklärte sie, und ihre Stimme zitterte vor Aufregung.

»Hmmmhmmmmhmmmm«, rief der Mann, der mit Lukas' Gürtel gefesselt und mit Yokos Halstuch geknebelt war. Blut lief ihm aus beiden Nasenlöchern.

Aus Yoko sprudelte nun die Geschichte mit dem Baummörder hervor, den Lukas entdeckt und sie dank ihres schwarzen Gürtels in Karate überwältigt hatte.

»Dagegen sind Godzilla, Yeti und Nessie glaubwürdige Geschichten«, murmelte Simon und nahm dem Mann den

Knebel ab. Sofort begann dieser zu zetern: »Ich zeige diese Furie an! Die wollte mich umbringen!«

＊

»Was haben Sie sich eigentlich dabei gedacht?«, fragte Frau Seibel-Siebold am nächsten Tag. »Camilla und Charles hatten niemals vor, auf dem Rheingauer Klostersteig zu pilgern!«

»Nun, das sollte für Frau Zimmermann eine Übung sein, die sich möglichst echt anfühlt. Schade, dass wir nicht weiter als bis zu diesem Teich gekommen sind. Dann hätte ich ihr gezeigt, dass das Kloster Nothgottes **59**, wenig weiter mitten im Wald gelegen, sehr schlecht zugänglich für eine Schutzmaßnahme der Royals gewesen wäre. Als Nächstes auf der Strecke kommt die Abtei St. Hildegard **60**. Dieses riesige Benediktinerinnen-Kloster ist den ganzen Tag von Gästen umlagert, aber es liegt strategisch günstig. Da ist viel Platz: Weinberge, Wiesen, ein großer Parkplatz, worauf sogar Hubschrauber landen können. Da hätte ich ihr erläutern können, warum dieser Ort und die letzte Etappe zwischen St.-Hildegard und dem ehemaligen Kloster Marienhausen **61** in Aulhausen am besten für die Pilgerschaft hoher Gäste geeignet wäre.«

»Aha, und das alles in ihrer Freizeit und obwohl ein solcher Einsatz niemals geplant war?«, bohrte Frau Seibel-Siebold weiter.

»Ja, ich bin halt sehr gründlich«, erklärte Simon und wollte gerade von Yokos Fehlverhalten, sich im Alleingang in solch eine Gefahr gebracht zu haben, berichten, um das Thema von seiner Person abzulenken, als seine Vorgesetzte sagte: »Den wahren Grund ihrer hanebüchenen Lehrstunden will ich gar nicht hören. Ich kann mir nämlich denken, was Sie im Schilde führten.«

»Ja, aber, nein …«

Sie winkt ab: »Kein aber! Schwamm drüber, denn Ihnen ist da ein Coup gelungen, Herr Kollege! Gratuliere!«

Simon verstand kein Wort.

»Frau Yoko Zimmermann hat berichtet, wie sie unter Ihrer Leitung die Spur des Baummörders aufnahm, dass Sie für diese Aktion den blinden jungen Mann wegen seines phänomenalen Gehörs einspannten und die beiden bestens beschützt und begleitet haben. Hut ab für diese unkonventionelle Methode, die uns zum Ziel geführt hat!«

Simon wurde heiß und kalt.

»So konnten wir einen gefährlichen Erpresser schnappen, bevor er noch Schlimmeres anrichten konnte. In seiner Wohnung haben die Kollegen eine ganze Batterie Gifte gefunden, die er nicht nur den Bäumen, sondern auch Lebensmitteln zusetzen wollte, um Geld zu erpressen. Er hat vorhin alles gestanden.«

*

»Dein Chef hat uns nicht eine Sekunde geholfen. Warum hast du nicht die Wahrheit erzählt?«, wollte Lukas wissen.

»Ich bin doch nicht doof! Simon Müller war sauer auf mich, weil er von mir nicht die Aufmerksamkeit bekommen hat, die er sich erhofft hatte. Hätte ich erzählt, dass er weder etwas kapiert noch etwas unternommen hat, während wir diesen Typ schnappten, dann wäre er noch wütender geworden und hätte mir das Leben schwer gemacht. Vielleicht so weit, dass ich aus der Polizeiakademie geflogen wäre. Manchmal muss man im Leben einen Schritt zurückgehen, um vorwärtszukommen. Und ich will weit kommen, Lukas! Sehr weit, und das mit dir!«

»Oh, Yoko, ich … ich liebe dich!«

»Und ich liebe dich, Lukas, mein Yeti in der Suppenschüssel! Wir werden noch viele Fälle gemeinsam lösen«, raunte Yoko und legte ihre Lippen auf seine.

51 Kloster Eberbach; die ehemalige Zisterzienserabtei wurde von 1136 bis zum Jahr 1803 von Zisterziensern bewohnt. Nach der Säkularisierung verwandelte sich das Kloster in einen Steinbruch, ein Depot, eine Heilanstalt und sogar in ein Gefängnis. 1998 ging das Anwesen auf die Stiftung Kloster Eberbach über, die die Unterhaltung und den Betrieb der Anlage sicherstellt. Von Anbeginn stand der Weinbau im Fokus des Klosters. Heute werden die Weinberge der ehemaligen Mönche von den Hessischen Staatsweingütern bewirtschaftet.
Nähere Informationen zu Besichtigungen, Übernachtungen und Veranstaltungen: www.kloster-eberbach.de

52 Rheingauer Klostersteig; der 2016 eingeweihte Pilgerweg verbindet die zwölf ehemaligen und noch bestehenden Rheingauer Klöster, die sich auf der 30 Kilometer langen Strecke aneinanderreihen. Der Klostersteig wird gerne in zwei Etappen von Kloster Eberbach in Kiedrich bis Johannisberg und am nächsten Tag von Johannisberg nach Aulhausen zum Kloster Marienhausen gewandert. Alle weiteren Infos über die Strecke, Übernachtungs- und Parkmöglichkeiten unter: www.rheingau.de/wanderwege/klostersteig

53 Unkenbaum; am Ruhepunkt Unkenbaum (Der Klostersteig weist neben den Klöstern insgesamt neun Ruhepunkte zum Innehalten auf), einem längst umgestürzten Waldriesen, erinnert eine Gedenktafel an den Staatsminister Dr. Herbert Günther und seine Wandergruppe »Qualmende Socke«.

54 Hallgarter Zange; mit 580,5 Metern ü. NHN ist die Hallgarter Zange der höchste Punkt des Klostersteigs. Hier befinden sich ein Aussichtsturm, ein Berggasthaus und ein Kletterwald. Der Sage nach beschlug hier ein Schmied für den Teufel ein Pferd. Als Lohn bekam er vom Teufel eine Zange, die alles in Gold verwandelte. Doch die Zange brachte dem Schmied so viel Unglück, dass er sich mit ihr vom Felsen stürzte, wobei die Zange ihren Zauber verlor.

55 Kletterwald; auf 1,25 Hektar bietet der Kletterwald Kletterabenteuer für alle Altersstufen. Nähere Infos zu Preisen und Öffnungszeiten: www.hallgarter-zange-erlebniswelt.de/

56 Schloss Johannisberg; das älteste Rieslingweingut der Welt war einst ein Kloster, das von Benediktinern sehr erfolgreich durch Weinbau bewirtschaftet wurde. Ab 1716 ließ der Fürstabt von Fulda an dieser Stelle eine dreiflügelige Schlossanlage errichten. Die Entdeckung der Spätlese 1775 geht ebenfalls auf dieses Kloster zurück. Nach der Säkularisierung gelangte das Schloss 1816 in den Besitz des Staatskanzlers des österreichischen Kaisers, Clemens Wenzel Lothar Fürst von Metternich, der damit für seine Verdienste im Wiener Kongress belohnt wurde. Im Zweiten Weltkrieg von einer Fliegerbombe getroffen, brannte das Interieur des Schlosses vollständig aus. Der Wideraufbau durch Fürstin Tatiana und Paul Alfons Fürst von Metternich ließ das Schloss in neuem Glanz erstrahlen. Nach dem Tod des kinderlos gebliebenen Fürstenpaares ging das Schloss in den Besitz der Oetker-Gruppe über. Weitere Infos über Weine und Veranstaltungen: www.schloss-johannisberg.de

57 Basilika Schloss Johannisberg; die im 12. Jahrhundert erbaute romanische Klosterkirche wurde wie das Schloss nebenan durch Fliegerbomben im Zweiten Weltkrieg zerstört und im Stil der Romanik wiederaufgebaut. Die Kirche dient heute als Pfarrkirche Johannisbergs.

58 Kloster Marienthal; schon seit 1309 ist Marienthal als Wallfahrtsort bekannt. Bis heute ist der Strom der Pilger nicht abgerissen. Dass ein Kloster an einer der ältesten Wallfahrtsorte Deutschlands zu finden ist, verwundert nicht. Im Kloster Marienthal (damals von Fraterherren bewohnt) befand sich die erste Kloster-Druckerei der Welt. Die Marienthaler Presse wurde 1468 errichtet. Seit 1873 bis heute wohnen in diesem Kloster Franziskaner-mönche, die nach der Lehre des Hl. Franziskus leben und sich um die Pilger kümmern. Wie der Name schon sagt, steht Maria (Gnadenbild der Schmerzhaften Got-tesmutter) im Mittelpunkt der Verehrung. Um allen Pil-gern einen Platz für den Gottesdienst zu bieten, befinden sich hinter der Kirche unter freiem Himmel Bänke und Altar. Darüber hinaus können die Pilger in dem ange-schlossenen Waldpark auf dem Kreuzweg Leben und Passion Christi nachempfinden.
Nähere Informationen: www.franziskaner-marienthal.de

59 Kloster Nothgottes; im 14. Jahrhundert stiftete die Fami-lie der Brömser von Rüdesheim in diesem abgelegenen Waldtal eine Kirche für einen wundertätigen Blinden, dazu kamen ein Küsterhaus und eine Herberge für die zahlreichen Pilger. 1622 wurde an dieser Stelle ein Klos-ter errichtet, in dem zunächst 16 Kapuzinermönche leb-ten. Der Zustrom der Wallfahrer, die zum Gnadenbild des »Blutschwitzenden Heiland« nach Nothgottes pilgerten, war besonders in schlechten Zeiten hoch, denn man versprach sich hier Heilung und Besserung. Seit dem Jahr 1674 bis heute findet ununterbrochen (!) eine jährliche Fußwallfahrt von Kruft zum Kloster Nothgottes statt (sie dauert drei Tage und ist 100 Kilometer lang). 1813 wurde das Kloster aufgehoben, verfiel und wurde, gerade der Pilger wegen, wiederaufgebaut. Seit September 2013 leben hier Zisterzienser aus Vietnam. Nähere Informationen: www.rheingau.de/sehenswertes/kloester/nothgottes

60 Kloster St. Hildegard; auch wenn das mächtige Kloster wie ein romanischer Bau anmutet, er wurde erst zwischen 1900 und 1904 errichtet. Seitdem leben in dieser Abtei Benediktinerinnen, die die Nachfolge der von der Heiligen Hildegard gegründeten Klöster Rupertsberg und Eibingen angetreten haben. So bleiben die Lehren der Heiligen bis heute in besonderem Maße lebendig. An diesem Ort kann man das tägliche Werken, Wirken und Beten der Schwestern miterleben. Gottesdienste, Führungen, Konzerte, wechselnde Ausstellungen, Meditationen, Vorträge, ein Klosterweingut, ein Klosterladen, ein Klostercafé und ein Gästehaus führen den Besuchern das klösterliche Leben vor Augen.
Nähere Informationen: www.abtei-st-hildegard.de

61 Kloster Marienhausen; das Kloster wurde um 1180 gegründet und ist das älteste Zisterzienserinnen-Kloster im Rheingau. Das Nonnenkloster war Kloster Eberbach unterstellt und bestand aufgrund des geschickten Wirtschaftens der Nonnen bis zur zweiten Welle der Säkularisation 1811. Danach wechselte das Anwesen öfter seine Besitzer, wobei seit dieser Zeit immer die Erziehung von Kindern und Jugendlichen im Vordergrund stand. Das Kloster wurde 1991 von der Stiftung St. Vincenzstift Aulhausen übernommen. Diese richtete im Kloster Marienhausen und den angrenzenden Gebäuden ein Sonderpädagogisches Zentrum ein.

DER DREIZEHNTE GAST

CLAUDIA SCHMID

Speyer

Er sah es gleich nach dem Aufstehen. Der Blumentopf vor dem Küchenfenster stand anders als sonst und es war ein wenig Erde herausgefallen. Er konnte sich jedoch keinen Reim darauf machen. Trotzdem schloss er die Haustür zweimal ab, als er fortging.

Hubert schritt mit leicht federnden Schritten am Dom 62 vorbei in Richtung Fußgängerzone. Seine Waden steckten in grauen Strümpfen, die Beine waren mit einer Hose aus Leinen gewandet. Unter seinem Wams trug er ein kragenloses Hemd aus dünner Wolle. Auf seine immer noch üppigen Locken hatte er ein Barett gedrückt. Bei den Schuhen hatte er Zugeständnisse gemacht und deshalb steckten seine Füße in bequemen braunen Lederschuhen. Die Kreppsohlen gestatteten ihm langes schmerzfreies Herumgehen.

In einer vorbeieilenden Reisegruppe, die aus Asiaten bestand, wurden Kameras und Smartphones gezückt.

Hubert hielt inne. Forsch schritt ein Mann auf ihn zu und machte mithilfe eines langen Sticks ein Selfie von ihnen beiden. Hubert lächelte in Richtung Smartphone. Er war Gästeführer in Speyer, und zwar einer, der die Sehenswürdigkeiten der ehrwürdigen Stadt im historischen Kostüm erklärte. Er hatte seine Schwester Beatrice so lange getriezt, bis sie ihre Nähmaschine auspackte und ihm Kleider genau nach seinen Vorgaben fertigte. Tagelang war er in der Stadtbibliothek **63** gewesen, um sich seine Tour zusammenzustellen. Bei der Gelegenheit ließ es sich trefflich alte Stiche studieren, wobei er einige Skizzen fertigte und sich bei einem Mittelaltermarkt mit passenden Stoffen eindeckte. Diese durften auf keinen Fall Polyester enthalten. Wie sähe das denn aus, wenn er in Kleidern aus Plastikfasern als historische Persönlichkeit durch die Stadt wandelte? In solchen Dingen war er absolut puristisch. Er duldete keinerlei Abweichungen. Sein Kostüm war durch und durch ein Original.

Er nickte der Gruppe zu und schlenderte weiter zur Pilgerstatue, wo er seine eigenen Gäste treffen würde. Wie immer erschien er etwas zu früh, sodass er sich alleine volltanken konnte mit der ganz besonderen Stimmung hier. Obwohl er die bronzene Statue schon so oft betrachtet hatte, erlag er immer wieder aufs Neue ihrem Reiz. Die Figur stellte einen übergroßen Mann dar, der dem Dom den Rücken zuwandte. Seine Position war nach Santiago de Compostela, dem Endziel aller Pilger auf diversen Jakobswegen, ausgerichtet. Den Körper in einen knielangen Umhang gehüllt, den er mit der linken Hand hielt, umschloss er mit seiner Rechten einen langen Pilgerstab. Seine kräftigen Füße waren nackt. In sich gekehrt, gesammelt und konzentriert setzte der Mann seinen nächsten Schritt. Trotz der Schwere der bronzenen übergroßen Figur waren ihr eine gewisse Leichtigkeit und vor allem Anmut zu eigen. Kein überflüssiger Tand, der den Pilger von seinem Tun hätte ablenken können, war ihm beigefügt. Er konzentrierte sich auf das Wesentliche und hatte dabei allen Ballast abgelegt. Das war es, was die Pilger an das innere Ziel ihrer Reise brachte.

Plötzlich kam Hubert der gestrige Anruf der Frau vom Gästebüro wieder in den Sinn. Die hatte ihn darüber informiert, ein Mann sei bei ihr vorstellig geworden und habe in einem unverschämten Ton verlangt, seine Führung zu übernehmen. Der Mann sei kürzlich in Frühpension gegangen, verlagere seinen Wohnsitz derzeit nach Speyer und halte nach einer sinnvollen Nebenbeschäftigung Ausschau. Sein Ansinnen sei jedoch zurückgewiesen worden, denn Hubert bot diese schon seit Jahren an und galt als äußerst zuverlässig.

Hubert empfand es als pure Frechheit, sich da reindrängen zu wollen. So ein Reingeschmeckter, der im Ruhestand nach einem Hobby suchte! Frechheit, das war immerhin sein Job! Und das schon seit etlichen Jahren. Nie hatte er sich etwas zuschulden kommen lassen, und es war niemals vorgekommen, dass sich jemand über ihn beschwerte. Leute gab es heutzutage, das war unglaublich! Er sehnte sich manchmal in frühere Zeiten zurück, wo für sein Empfinden alles überschaubarer war. Ob er eine Website habe, wurde er hin und wieder gefragt. Sollte er sich da denn auch noch einarbeiten, oder wie? Jemand damit gegen Entgelt zu beauftragen, zog er nicht in Erwägung. Denn das Wenige, was bei den Führungen an ihm selbst hängen blieb, sparte er für seine jährliche Wanderreise, wenn er selbst auf dem Camino ging.

Aber da kam schon seine Gruppe. Der Busfahrer, den er schon länger kannte, führte sie zu ihm. Hubert riss sich zusammen. »Guten Morgen, liebe Gäste unserer schönen Stadt Speyer. Ich habe den Pilger als Startpunkt unserer Führung ausgewählt, weil ich Ihnen sogleich vom Jakobsweg erzählen will. Hier in Speyer beginnt nämlich der Pfälzische Jakobsweg.«

»Sie sind dann mal weg, was?« Ein vorwitziger Mann warf sich in Positur.

Hubert hatte aufgehört, mitzuzählen, wie oft ihm eine Anspielung auf den bekannten Buchtitel schon um die Ohren geflogen war. Er versuchte, ein Lächeln hinzukriegen. Denn vielleicht gab es am Ende Trinkgeld, das wollte er nicht durch undiplomatische Äußerungen gleich zu Beginn schmälern. »Zwei Jakobswege nehmen hier einen Anfang. Und zwar die Nordroute über Neustadt und die Südroute über Landau. Beide Wege werden in Hornbach wieder zusammengeführt.« Er besah sich seine Runde und zählte sie flink durch. Der Siebengescheite wurde von einer behäkelten Dame begleitet. Sie waren insgesamt zu zwölft, das war sehr angenehm, denn so musste er seine Stimme nicht überstrapazieren.

»Der Weg ist das Ziel.«

Mannomann, die heutige Führung konnte ja heiter werden, wenn dieser Mensch pausenlos angelesene Weisheiten von sich gab. War das womöglich der Kerl, der seinen Job als Fremdenführer haben wollte? Aufdringlich genug war er auf jeden Fall.

Hubert führte die Gruppe über die Maximilanstraße bis zur Alten Münze `64`. Auf dem Weg dorthin erzählte er die Geschichte der Stadt.

»Und Reichstage haben hier stattgefunden.«

Dieser vorlaute Mann beanspruchte seine Nerven wirklich außerordentlich.

»Herr …?«

»Gumpernbach, Isidor Gumpernbach.« Er lüftete seine Kappe.

»Herr Gumpernbach, schön, dass Sie offenbar so belesen sind. Ich würde jetzt gerne fortfahren, wenn Sie gestatten.« Hubert räusperte sich. Bestimmt war dieser Isidor pensionierter Geschichtslehrer. »Der bekannteste Reichstag in Speyer ist der von 1529«, er holte tief Luft in der Erwartung, erneut unterbrochen zu werden, doch sein Kontrahent schwieg. »Dieser war nämlich namensgebend für die Evangelischen, wie sie bis dahin hießen, Lutheraner wurden sie ebenfalls genannt, was eher als Schimpfwort zu werten war. Aber weil sie hier in Speyer eine Protestnote an den Kaiser überreichen wollten, erhielten sie den zusätzlichen Namen Protestanten. Der Bruder des Kaisers, Ferdinand I., der Karl V. vertrat, weigerte sich allerdings, diese Note anzunehmen. Die evangelischen Fürsten und die Freien Reichsstädte protestierten dagegen, dass die Freiheiten, die ihnen 1526 zugestanden wurden, nun wieder zurückgenommen werden sollten.«

Nun hing Isidor Gumpernbach ebenso wie die übrige Gruppe an seinen Lippen. Hubert wurde ein wenig größer, er genoss die Aufmerksamkeit seiner Zuhörer. »Das Interessante, wie ich finde, ist allerdings die Tatsache, dass Philipp Melanchthon 65 bei diesem Reichstag in Speyer weilte, in Begleitung seines Landesherrn Kurfürst Johann. Melanchthon war der Motor gemeinsam mit Luther, ohne ihn wäre die Reformation in der Form, wie sie stattfand, nicht denkbar gewesen. Und eben dieser Philipp Melanchthon hatte als Kind eine Weile in Speyer gelebt. Seine Mutter hatte ihn aus Bretten hierher zu Verwandten gebracht, damit er das Sterben seines Vaters nicht mitbekam. Der war nämlich Rüstmeister beim Kurfürsten in Heidelberg und hatte im Krieg aus einem vergifteten Brunnen getrunken. Heute sind die Wissenschaftler allerdings der Ansicht, seine Erkrankung lag an den Metallen, mit denen er im Rahmen seiner Arbeit ungeschützt umging.«

»Hat der nicht sogar eine Rüstung für Kaiser Maximilian gefertigt?«

Dieser Isidor konnte sich einfach nicht zurückhalten! Der ging ihm wirklich gehörig auf die Nerven. Immerhin machte er, Hubert, doch die Führung! Solche siebengescheiten Leute waren eine Qual für jeden Fremdenführer. Am Ende war Isidor derjenige, der gestern im Gästebüro so unverschämt seinen Job gefordert hatte? Hubert biss sich vor Aufregung beinahe in die Backe, bevor er erwiderte: »Der letzte Ritter. Ja, auch für ihn hat Philipp Melanchthons Vater eine Turnierrüstung angefertigt, die dieser beim Reichstag zu Worms im Jahr 1495 trug.« Seine Stimme war ein wenig lauter geworden.

Wie immer fand er eine elegante Überleitung zum Jakobsweg. »Den beiden großen Vätern der Reformation ging es um die Erneuerung der Kirche! Und auf Erneuerung sind die Pilger aus, die den Jakobsweg gehen. Eine Erneuerung des Selbst, ein Suchen, an dessen Ende ein Finden steht.«

»Aber wollte Luther nicht alle Reliquien abschaffen? Das Ziel der Pilger ist doch die Grabstätte des Apostels Jakobus.«

Dieser Mann brachte ihn wahrlich ins Schwitzen! Was sollte er mit dem bloß machen? Der zerredete ihm seinen besten Übergang. Am besten ignorierte er seine Einwände. »Lassen Sie uns nun weitergehen zum Altpörtel 66.« Doch es war wieder Isidor Gumpernbach, der erneut seine Aufmerksamkeit in Anspruch nahm.

»Führen Sie uns auch zur Gedächtniskirche 67 ?«

Was dachte der sich denn? Meinte er etwa, er hatte einen Dilettanten vor sich? »Selbstverständlich gehört die große Kirche, die zur Erinnerung an die Protestation 1529 erbaut wurde, zu meinem Rundgang«, schnaubte Hubert. Er hätte was darum gegeben, den Mann, der ihm zunehmend lästig wurde, loszuwerden. Am liebsten wäre er zickzack durch die Altstadt gelaufen, um ihn abzuhängen. Er überlegte bereits, ob er ihn direkt auf seinen Verdacht, er wolle sich seine Führungen unter den Nagel reißen, ansprechen sollte, verwarf den Gedanken dann aber wieder.

Nachdem sie die Kirche mit ihren wunderschönen Glasfenstern besichtigt hatten und am Judenhof 68 vorbei zur Pilgerfigur zurückgegangen waren, leitete Hubert seine Gruppe die wenigen Schritte zum Historischen Museum der Pfalz 69. Seine Führung endete nämlich wie immer mit der Besichtigung des Domschatzes, der dort in einer eigenen Dauerausstellung in den Tiefen des Museums zu sehen war. Er zeigte soeben auf die Grabkrone der Kaiserin Gisela, als ihm plötzlich ein Mann in hellem Hemd auffiel, der gar nicht zu seiner Gruppe gehörte, sich aber eng an sie hielt. Rasch zählte Hubert unauffällig seine Gäste durch. Dreizehn. Einer mehr als zu Beginn. Was wollte dieser Mensch? Nichts für die Führung bezahlen und trotzdem mithören? So etwas kam bei ihm gar nicht gut an. Hubert funkelte ihn böse an. Der Mann schien es jedoch nicht zu bemerken, blieb trotzdem in der Nähe und verließ sogar mit ihnen gemeinsam das Museum. Doch bevor Hubert auf der Treppe seinen Unmut gegenüber dem ungebetenen dreizehnten Gast der Gruppe äußern konnte, war dieser so plötzlich, wie er aufgetaucht war, verschwunden. Wie er sich auch umsah, er konnte ihn nirgends mehr entdecken. Hubert unterdrückte seinen Ärger und führte seine Gäste zu einem Kaffeehaus. »Meine Führung endet hier, bei einem Glas Wein und bei Brezeln **70** . Bleiben Sie doch ein wenig, wenn Sie sich gestärkt haben, in Speyer und lassen Sie den Tag mit einem ruhigen Besuch im Dom ausklingen. Nehmen Sie sich Zeit dafür, lassen Sie die Architektur auf sich wirken.«

Da er heute nichts Weiteres mehr vorhatte, schlenderte Hubert bis zum Altrhein **71** . Hier war er oft mit seiner Ehefrau unterwegs gewesen. Gundi hatte ihn nach ihrer schlimmen Erkrankung viel zu früh verlassen. Zum Glück konnte Huber sich, obwohl schon in Rente, mit seinen Führungen immerhin etwas Ablenkung verschaffen. Er atmete tief durch. Wer war wohl dieser Mann gewesen, der sich im Museum plötzlich unter die Teilnehmer seiner Gruppe gemischt hatte? Hubert hatte ihn nie zuvor gesehen. Da er allmählich Hunger verspürte, begab er sich auf den Heimweg.

Als er zu Hause angekommen war, tollten die Nachbarskatzen im Garten. Sicher waren das dieselben Übeltäter, die heute früh den Blumentopf verrückt hatten. Hubert wusste, dass sich darin immer eine Eidechse für ihren Schlaf vergrub. Er hatte sie schon mehrmals dabei beobachtet, wie sie darin verschwand. Bestimmt hatten die Räuber sie aufgespürt.

Es war abnehmender Mond über Speyer. An solchen Abenden ging Hubert nach einem leichten Mahl für gewöhnlich früh ins Bett. So auch heute. Doch mitten in der Nacht wurde er von einem Geräusch geweckt und schnellte hoch. Waren das die Katzen im Garten? Hielten die dort ihre von Jaulen begleitete Hochzeit? Er lauschte, aber es war kein Gemaunze von draußen zu vernehmen. Jetzt wurde ihm klar, dass die Geräuschquelle eindeutig *im* Haus war! Es wurde ihm heiß und kalt zugleich, in seinen Ohren rauschte es. War da einer eingebrochen? Aber bei ihm gab es doch gar nichts Wertvolles zu holen! Was sollte er bloß tun? Sich tot stellen oder besser nach dem Rechten sehen? Himmelherrgott noch mal, wie verhielt man sich am Sinnvollsten in so einer Situation? Da vernahm er schon wieder etwas. Jetzt war er sich wirklich absolut sicher, dass er nicht allein im Haus war. Hubert überlegte nur kurz, dann schwang er sich leise aus dem Bett und schlich barfuß in den Flur. Zu sehen war nichts, sosehr er sich im Dunkeln auch anstrengte. Ganz vorsichtig, um die Treppen nicht zum Knarzen zu bringen, tapste er lautlos nach unten, aber nicht, ohne vorher den schweren schmiedeeisernen Kerzenständer, den seine Frau einst mit in die Ehe gebracht hatte, fest mit der Hand zu umklammern. Unten angekommen, lauschte er und versuchte herauszufinden, woher die Geräusche denn nun genau kamen. Da spürte er plötzlich einen Schlag auf der Schulter. Mit einer Bewegung, so flink, wie sie ihm vermutlich niemand mehr zugetraut hätte, schnellte er herum und zog gleichzeitig die Hand mit dem schweren Kerzenständer hoch, um sie gleich darauf mit aller Kraft niedersausen zu lassen. Ein grässliches Stöhnen war zu hören. Hubert drückte auf den Lichtschalter.

Blinzelnd, bis sich seine Augen an die aufflackernde Helligkeit gewöhnt hatten, blickte er sich um und versuchte zu begreifen, was soeben geschehen war. Ein Mann lag vor ihm auf dem Boden, mit einer klaffenden Wunde an der Stirn. Helles Blut sickerte daraus hervor und lief in einem Rinnsal an der Seite des Kopfes herunter, um dann auf dem schönen Teppich zu verlaufen. Der war hoffnungslos ruiniert, das sah Hubert sofort! Welch ein Malheur, diesen Teppich hatte Gundi so gemocht. Der Mann darauf hatte seine Beine von sich gestreckt, die Arme lagen schlaff an seiner Seite. Um Himmels willen, lag da etwa ein Toter in seinem Flur? Hubert stellte den Kerzenständer ab und betrachtete den Mann genauer. Das war doch der Fremde, der nach dem Besuch der Domschatzkammer plötzlich in seiner Gruppe gewesen war? Der dreizehnte Gast! Nun lag er leblos vor Hubert auf dem Teppich. Ihm wurde übel und er musste sich an der Wand abstützen.

Langsam kam nach dem Schrecken wieder Leben und damit Bewegung in Hubert. Wacker schritt er zu seinem Telefon, das seine Frau zu Beginn ihrer Ehe eigenhändig mit einer Brokatummantelung versehen hatte, und wählte die 110.

Die Polizei kam innerhalb weniger Minuten. Das Blau des Einsatzlichtes schraubte sich durch die Dunkelheit der Nacht. Man fand bei der Leiche eine Spange aus dem Museum.

Einer der Polizeibeamten sagte zu Hubert: »Der Raub ist bereits entdeckt und uns gemeldet worden.«

Es war also wirklich der dreizehnte Gast von heute Nachmittag. Hubert musste sich setzen, denn ein erneuter Schwindel überkam ihn. Hatte der Mann hier bei ihm einbrechen und ihm das Diebesgut unterschieben wollen? Die Führungen mit dem Abschluss im Museum waren sein Ein und Alles. Wer ihm das wegnehmen wollte, war von unschlagbarer Grausamkeit.

»Aber wie konnte der denn die Alarmanlagen des Museums überlisten? Das ist doch unmöglich!«, wandte er sich an den Polizisten von vorhin.

»Das wird zu klären sein. Ehrlich gesagt, haben wir im Moment keine Ahnung. Das muss der sich irgendwie ausgetüftelt haben.«

Wie Hubert am nächsten Tag erfuhr, handelte es sich bei dem Toten um einen pensionierten Geschichtslehrer, der vor Kurzem eine Wohnung in Speyer erworben hatte.

Der Dame im Gästebüro wurde ein Foto des Verblichenen vorgelegt, auf welchem sie ihn eindeutig als den Mann identifizierte, der sie aufgesucht hatte, um brüsk Huberts Führungen für sich zu beanspruchen. Die Ermittler hatten nach Sachlage den Verdacht, er habe Hubert als Fremdenführer diskreditieren wollen, indem er ihm einen Raub anhängte. Nach einer anonymen Anzeige hätte er sich selbst als solcher etablieren wollen. Konkurrenz ausschalten nannte man das wohl. Denn wäre die Spange bei Hubert aufgefunden worden, hätte er nie wieder mit einer Gruppe ins Museum gedurft. Das stand so felsenfest wie der Dom zu Speyer.

*

Hubert hatte diesen schmiedeeisernen Kerzenständer nie gemocht. Aber Gundi, seine Frau, hatte darauf bestanden, ihn zu behalten. Aus Gründen, die er nicht kannte, hing sie an dem geschmacklosen Gegenstand. Nach ihrem Tod hatte er ihn aus Sentimentalität stehen lassen. Hubert faltete die Hände über seiner Brust. *Gundi, Gundi, du warst schon immer eine Schlaue. Hast viel zu früh gehen müssen. Aber jetzt hast du mir quasi das Leben gerettet.* Gleich morgen würde er an ihr Grab gehen und einen Strauß ihrer Lieblingsblumen darauf ablegen. Rosa Moosröschen. Vielleicht war jetzt die Zeit gekommen, die Frau, die das Grab daneben pflegte und mit der er manchmal ein Pläuschchen hielt, zum Essen einzuladen? Seine Gundi da oben hätte sicher nichts dagegen. Dieses Wissen war plötzlich in ihm, wie eine neue Einsicht. *Gundi, Gundi, du warst schon immer eine Schlaue.*

62 Dom zu Speyer; der imposante Dom ist Wahrzeichen von Speyer und seit 1981 UNESCO-Welterbestätte. Der Grundstein zum Dom wurde im Jahr 1030 gelegt, er ist die Grablege von acht Kaisern und Königen. Unbedingt sollte der Besuch des Doms den der eindrucksvollen Krypta mit einschließen. Ein Erlebnis sind auch die Konzerte im Dom.

63 Stadtbibliothek Speyer; die Stadtbibliothek Speyer ist seit 1980 in einem wunderschönen schlossähnlichen Prachtbau in der Nähe des Bahnhofs untergebracht: Die Villa Ecarius mit ihrer ganz besonderen Fassade und ihren Türmchen wurde 1892 erbaut. Der Bestand der Bibliothek umfasst rund 80.000 Medien: Bücher, Zeitungen, Zeitschriften, CDs, Videos, DVDs, Spiele und CD-ROMs. Es werden auch viele Veranstaltungen organisiert. Neben der Stadtbibliothek ist im selben Haus auch noch die Volkshochschule untergebracht.

64 Alte Münze; seit dem Mittelalter stand am Alten Marktplatz das Haus der Münzer. An seiner Stelle steht seit Mitte des 18. Jahrhunderts das schöne barocke Neue Kaufhaus am Markt. Im Erdgeschoss befinden sich heute immer noch Läden.

65 Philipp Melanchthon in Speyer; der Reformator lebte als Kind eine Weile in Speyer. Die Familie hatte ihn gemeinsam mit seinem Bruder dorthin zu Verwandten gebracht, während in Bretten sein Vater schwer erkrankt war. 1529 begleitete er seinen Kurfürsten zum Reichstag, bei dem die Beschlüsse der reformatorischen Neuerungen wieder rückgängig gemacht wurden. Dagegen richtete sich die Protestnote der evangelischen Fürsten und Vertreter der Reichsstädte. Der Reichstag tagte im Ratshof, der, wenn man den Dom verließ, zur rechten Hand lag und heute nicht mehr steht.

66 Altpörtel; das Altpörtel ist mit seinen 55 Metern eines der höchsten Stadttore Deutschlands und sicherlich auch eines der schönsten. An seiner nördlichen Seite ist der sogenannte »Speyerer Schuh« angebracht, ein Maß, an dem sich die Händler ausrichten mussten. In der Vorweihnachtszeit wird der Turm eindrucksvoll illuminiert, dann heißt es »Altpörtel in Flammen«. Im Turm befindet sich eine Ausstellung zur Geschichte des Reichskammergerichts. Das oberste Gericht des Heiligen Römischen Reiches hatte von 1527 bis 1689 seinen Sitz in Speyer. Ganz oben am Turm befindet sich eine schmale Arkade, auf der man einmal den gesamten Turm außen umrunden kann. Der Blick von dort oben lohnt das Hinaufsteigen!

67 Gedächtniskirche; die Gedächtniskirche wurde nach ungefähr zehnjähriger Bauzeit 1904 im Stil einer neugotischen Kathedrale fertiggestellt. Die Pläne stammen von den beiden Architekten Nordmann und Flügge. Das Denkmal des Weltprotestantismus wurde mit Spenden aus der ganzen Welt finanziert. Die Namen der Spender sind an verschiedenen Stellen zu lesen. Die prächtige Kirche erinnert an die Protestation der evangelischen Fürsten und Reichsstädte im Jahr 1529. Dieses Ereignis besiegelte die Spaltung der Kirche, die Melanchthon und Luther nicht gewollt hatten. Ihr Anliegen war die Erneuerung der alten Kirche. Der Turm der Gedächtniskirche ist mit seinen 100 Metern der höchste Kirchturm der Pfalz. In der Gedächtnishalle im Erdgeschoss des Turms erinnert ein Standbild Martin Luthers an seinen Auftritt 1521 in Worms. In der Hand hält er die Heilige Schrift, mit den Füßen zertritt er die päpstliche Bannbulle. Auch den sechs Fürsten, die die Protestation mit unterzeichneten, sind Standbilder gewidmet. An die 14 Reichsstädte, die sich ebenfalls anschlossen, erinnern deren Wappen.

Eine Besonderheit sind die wunderschönen 36 Glasfenster, auf denen Szenen aus der Bibel und aus der evangelischen Kirchengeschichte dargestellt sind. Sie wurden von verschiedenen Künstlern geschaffen. Vor Ort ermöglichen QR-Codes mithilfe von Smartphones und I-Pads einen direkten Zugang zu allen Informationen.

Die Gedächtniskirche ist die Landeskirche der Evangelischen Kirche der Pfalz.

68 Museum SchPIRA und Judenhof; in Speyer war im Mittelalter eine große jüdische Gemeinde zu Hause. Als Zeugen jüdischen Lebens in Speyer sind in der Kleinen Pfaffengasse, die früher »Alte Judengasse« hieß, Reste der Synagoge und des Ritualbades zu sehen, das für die rituellen Reinigungen bestimmt war. Es ist etwas ganz Besonderes, zur unterirdischen Mikwe hinabzusteigen und an diesem beinahe 1.000-jährigen Ort zu stehen. Im Museum SchPIRA im mittelalterlichen Judenhof sind Exponate des jüdischen Speyer aus der Zeit des Mittelalters zu sehen. Informationen zum Museum SchPIRA und anderen Sehenswürdigkeiten in Speyer: www.speyer.de

69 Historisches Museum der Pfalz Speyer; das Historische Museum der Pfalz in Speyer wurde zwischen 1907
und 1910 erbaut. Die Sammlungsausstellungen informieren zu Kunst, Geschichte und Kultur der Pfalz, die
schon von den Römern besiedelt war. Einer der Höhe-
punkte der Sammlungen ist der Domschatz, der unter
anderem die Grabkronen der salischen Kaiser umfasst.
Großen Anklang finden jeweils die Sonderausstellungen.
www.museum.speyer.de

70 Speyerer Brezelfest; längs des Oberrheins ist es eine lieb
gewordene Sitte, bei Empfängen jeglicher Art Brezeln zu
reichen. In Speyer gibt es sogar ein eigenes Fest für das
beliebte Gebäck: Das Speyerer Brezelfest ist ein Volks-
fest mit Fahrgeschäften und Begleitprogramm, das an
einem Wochenende im Juli stattfindet und mit einem
fulminanten Feuerwerk endet.

71 Altrhein; die Landschaft am Altrhein mit ihrer beson-
deren Flora und Fauna lässt sich bei Spaziergängen an
Land genießen oder auf dem Wasser bei einer Bootstour.
Aktuelle Informationen dazu auf: www.speyer.de

DAS GELÜBDE

CLAUDIA SCHMID

Landau

Wilfried hatte es verdrängt, seit einigen Jahren schon. Er hatte damals ein Gelübde abgelegt, als er nach Santiago de Compostela gepilgert war und dort am Grab des Heiligen Apostels Jakobus stand. Und dieses Gelübde war bis heute unerfüllt geblieben. Es war bei ihm bald in Vergessenheit geraten, nachdem er nach Hause geflogen war. Der Alltag hatte ihn rasch wieder gefangen, ihn eingehüllt mit seinem Trott. Aber nun erinnerte er sich wieder daran, was er dem Heiligen versprochen hatte. Das schlechte Gewissen sprang ihn an wie ein geschmeidiger Panther, der nur darauf gewartet hatte, aus seinem Versteck hervorzupreschen.

Denn Wilfried zog in einigen Tagen um. Es galt für ihn, das Haus leer zu räumen, in dem er so lange gewohnt hatte. Nun war kurz nach der Mutter auch der Vater hochbetagt verstorben und das Haus viel zu groß für ihn geworden. Von dem zu erwartenden Geld hatte er mit einem Zwischenkredit eine kleine Eigentumswohnung erworben, in der alles neu war, und zentral gelegen in Landau war sie auch noch. Dem Streifen durch die von den Eltern verlassenen Räume haftete etwas Sentimentales an und Wilfried standen bald Tränen in den Augen. Von den meisten der Möbel würde er sich trennen müssen. Auch für die vielen Gemälde an den Wänden hatte er fortan keinen Platz mehr in seiner neuen Wohnung. In einer Ecke des schweren Kleiderschrankes seiner Eltern fand er das eingepackte Brautkleid seiner Mutter. Die weiße Seide war vergilbt, an den Falten war der zarte Stoff brüchig geworden. Es war zu viel für ihn. Am besten legte er mit dem Durchforsten der Wohnräume eine Pause ein und ging nach oben, auf den Dachboden. Da war sicher einiges, von dem er sich leichteren Herzens rasch trennen konnte.

Doch schon als er den ersten der dort oben stehenden Kartons öffnete, fiel ihm sein Pilgertagebuch in die Hände. Das hatte er während seiner Reise akribisch geführt. An der Wand lehnte sogar sein Pilgerstab, der ihm unersetzliche Dienste während der mitunter beschwerlichen Wanderung geleistet hatte. Wilfried setzte sich an Ort und Stelle auf den Boden, missachtete den Staub und schlug das in braunes Leinen gebundene Buch an einer beliebigen Stelle auf. Die an einem Kabel baumelnde staubige Glühbirne spendete spärliches Licht.

Meine Lunge brennt, die Füße sind wund. Noch liegen zehn Kilometer vor mir, aber ich muss sie unbedingt heute schaffen. Nur wer seinen Körper überwindet, kann Buße erlangen. Dieser Körper, der mir immer mehr zu schaffen macht. Denn die Hülle, in der mein Geist steckt, ist krank. Ich pilgere von Landau bis zum Grab des Heiligen Jakobus in Santiago de Compostela. Dort, am Grab des Apostels, werde ich ein Gelübde ablegen. Im Gegenzug befreit mich Jakobus von meinen starken Schmerzen in der rechten Hand. Ich finde, das ist ein reelles Angebot.

Wilfried erinnerte sich plötzlich ganz genau an diesen letzten Tag seiner Wanderung. Vor seinem geistigen Auge entstand das Bild einer staubigen Landschaft und eines Weges, auf dem sich viele Menschen drängen. Nicht alle legen den gesamten Weg zu

Fuß zurück, es gibt auch welche, die mit Pferden oder Eseln unterwegs sind. Das lässt Wilfried gelten. Aber mit dem Auto zu fahren oder per Flugzeug anzureisen und dann die letzten wenigen Kilometer zur Stätte zu Fuß zurückzulegen, das kann er nicht gutheißen. An der Kathedrale anders als in verschwitzten Kleidern, mit wunden Füßen und wehem Rücken anzukommen, gehört sich nicht! Das hält er für gemogelt und Jakobus würde es außerdem bestimmt bemerken. Der ließ sich doch nicht übers Ohr hauen?

Wilfrieds Hand schmerzte ihn damals heftig. Von Ärzten hielt er nicht viel und so hatte er versucht, sich mit allen möglichen Salben und Handbädern Linderung zu verschaffen. Doch das brachte überhaupt nichts. Und so war er auf die Idee mit der Pilgerreise verfallen. Wenn ihm einer helfen konnte, dann der Apostel. Wilfried hatte schon so viel über Heilungen von Menschen gelesen, die sich auf diese Reise begeben hatten. Er schlug sein Tagebuch erneut auf.

Heute Morgen habe ich endlich geduscht und die frischen Kleider angelegt, die ich für den Höhepunkt der Reise fein säuberlich gefaltet am Boden meines Rucksackes aufbewahrte. Die Blasen an meinen Füßen sind mit Pflaster abgeklebt. Mit Mühe habe ich zum Frühstück eine Kleinigkeit gegessen und etwas Milch mit Honig getrunken. Als ich endlich vor der wunderschönen Kathedrale stehe, wird mir vor Aufregung leicht schwindelig. So nah am Ziel! Bald schon werde ich vor der Reliquie stehen. Der Andrang ist enorm. Es ist ein Heiliges Jahr, da der Geburtstag des Jakobus, der 25. Juli, auf einen Sonntag fällt. Deshalb betrete ich meinen Sehnsuchtsort nicht durch das Portico de la Gloria, sondern durch die Gnadenpforte an der Ostseite, die Puerta Santa, die nur im Heiligen Jahr geöffnet wird. Wir Pilger stehen dicht an dicht. Es ist mir unangenehm,

*in dieser Enge neben zwei Frauen stehen zu müssen. Doch ich
nehme es in Kauf, um ihm bald ganz nah zu sein.*

Wilfried hatte plötzlich den Geruch der beiden Pilgerinnen, deren Nähe er in der drangvollen Enge ungewollt ertrug, in der Nase. Die eine roch nach sauren Äpfeln, die andere wie Quittenmus. Während er so dagestanden hatte und darauf wartete, dass es weiterging, in die Kathedrale hinein, um endlich die Figur des Heiligen zu umarmen, hatte er genügend Zeit gehabt, sich den Duft der beiden einzuprägen. Es waren Mutter und Tochter, das erfuhr er am Abend, als er die beiden in einem Gasthaus wiedertraf. Wilfried war nämlich nicht, wie viele der Pilger, die den Ort sofort verließen, sobald sie in der Kathedrale gewesen waren, gleich nach der Erfüllung seiner Reise nach Hause aufgebrochen, sondern blieb ein paar weitere Tage in Santiago de Compostela. Er wollte diesen einzigartigen Ort am »Weltende« eine Weile auf sich wirken lassen. Da saß er also abends tatsächlich mit Henriette und Elisa an einem Tisch auf einem galizischen Trottoir. Die beiden Frauen stammten aus Heidelberg. Den Camino hatten sie gewählt, als der Ehemann und Vater verstorben war, so erzählten sie. Das Pilgern, so stellten sie sich vor, würde ihnen helfen, den Verlust zu bewältigen.

»Habt ihr erreicht, was ihr wolltet?«

Elisa sah ihre Mutter Henriette an, bevor sie sagte: »Für mich kann ich das bestätigen. Was sagst du dazu, Mama?«

»Der Abstand hat mir gutgetan. Außerdem denkt man während des Weges an nichts anderes, als durchzuhalten und nicht aufzuhören. Jetzt, wo du mich fragst, doch, es geht mir besser als zu Beginn unserer Reise.« Sie sah Wilfried direkt an. »Aber weshalb sind Sie den Weg gegangen? Mussten Sie auch einen Verlust hinnehmen?«

»Nein, nein, kein Verlust.« Wen sollte Wilfried auch betrauern? Er war ohne eigene Familie geblieben. Sein Beruf füllte ihn aus und er wohnte immer noch in seinem Elternhaus. Die Mutter kochte für ihn mit und versorgte seine Wäsche, dafür lud er sie immer an ihrem Geburtstag in ein sehr schönes Restaurant ein, das Landgut Buschmühle 72 . In seiner Freizeit fotografierte er Vögel und Schmetterlinge. Andere malten mit dem Pinsel und er eben seiner Ansicht nach mit der Kamera, oft um das Schloss Villa Ludwigshöhe 73 herum. Wozu hätte er da eine Frau gebraucht? Die hätte sich womöglich daran gestört, dass er im Sommer an den Wochenenden oft gegen 4 Uhr aufstand und das Haus verließ, um auf Fotopirsch zu gehen. Bepackt war er stets mit seiner schweren Fotoausrüstung, denn Wilfried fotografierte auf herkömmliche Art mit eingelegten Filmen und schleppte eine schwere Tasche mit diversen Objektiven, die er je nach Bedarf auf seine Kamera setzte, mit sich herum. Er war in dieser Hinsicht puritanisch und hielt nicht viel von neumodischen Kameras. Außerdem verspürte er wenig Neigung, sich in ihre Technologie einzuarbeiten. Manches Mal druckte die örtliche Regionalzeitung eines seiner Fotos ab, was seine Mutter mit stillem Stolz erfüllte. Nein, es gab niemanden, um den Wilfried hätte trauern können.

»Was war es dann, das sie auf den Weg gebracht hat?«

Wilfried hob die Hand. Dabei wurde er gewahr, dass sie schmerzfrei war. Er starrte sie an, hielt sie in die Höhe. Auch das Wenden der Hand, das aussah wie königliches Winken einer alten Dame aus England, bereitete ihm keinerlei Schmerzen. Er war verblüfft. »Sie sind weg!«

Die beiden Frauen sahen ihn erstaunt an.

»Meine Schmerzen in der Hand!«, fügte er hinzu und bewegte den ganzen Arm. »Auch die anderen Schmerzen sind weg! Das zog sich nämlich bis hoch in die Schulter. Nachts war es schlimm! Das hat wie elektrisch gekribbelt und ich konnte deshalb oft nicht schlafen.«

»Das klingt nach Karpaltunnelsyndrom«, warf Henriette ein. »Das hatte ich auch mal. Haben Sie das nicht operieren lassen?«

»Operieren?« Wilfried schüttelte den Kopf. »Ich gehe doch in keine Klinik! Wenn die erst mal anfangen, an einem herumzuschneiden, wer weiß, ob die dann auch wieder damit aufhören, wenn man schon mal in ihren Fängen ist. Die wollen doch alle nur Geld machen! Und wenn die mir während der Operation die Hand verderben? Dann kann ich sie gar nicht mehr gebrauchen! Nee, nee, wenn ich was habe, dann vertraue ich auf Heilpflanzen. Damit fahre ich ganz gut.«

»Und Ihre Schmerzen sind jetzt weg? Ganz?«, fragte Henriette zur Vorsicht nochmals nach.

»Ja! Als ob ich nie etwas gehabt hätte.«

»Na, dann können Sie dem Jakobus eine Hand spendieren. Die Reliquien des Heiligen sollen ja nicht komplett sein.«

»Eine Hand?« Unwillkürlich griff Wilfried mit seiner Linken nach der Rechten und hielt sie fest.

»Doch nicht Ihre!« Sie lachte. »Das war doch nur ein Spaß! Wo sollten Sie denn auch eine Hand herbekommen?«

»Und es fehlt ihm wirklich eine?«

»Wir sind mittags mit einem der Kirchendiener ins Gespräch gekommen. Elisa«, sie strahlte stolz ihre Tochter an, »spricht sehr gut Spanisch.«

»Aber ich habe nie davon gehört, dass der Reliquie eine Hand fehlt!«

»Nun ja, so was hängen die natürlich nicht an die große Glocke. Ich kann Ihnen nur sagen, der Mann war sehr glaubwürdig.«

Wilfried tauchte aus seinen Erinnerungen auf, als eine kleine Spinne sich anschickte, auf seinen Fuß zu krabbeln. Er zertrat sie kurzerhand, dann schlug er das Tagebuch zu und erhob sich steifbeinig. Nun fiel ihm auch wieder ein, wie er damals am nächsten Tag erneut in die Kathedrale gegangen war und dem Heiligen versprochen hatte, ihm eine Handreliquie zu bringen. Er hatte damals die ganze Nacht an Henriettes Satz denken müssen. Seine Großmutter hatte ihn, als er ein Kind war, zu einem bayerischen Wallfahrtsort mitgenommen. Dort hatte er staunend Gliedmaßen aus Wachs bewundert, die Geheilte zum Dank dorthin gebracht hatten.

Eine Hand für den Heiligen Jakobus. Kaum war er wieder zu Hause gewesen, hatte es allerdings eine große Aufregung gegeben und er hatte sein Versprechen darüber vergessen. Während seiner Abwesenheit war nämlich in seinem Elternhaus eingebrochen worden. Neben anderen Wertsachen hatten die Diebe ausgerechnet seine wertvolle Fotoausrüstung mitgehen lassen! Das war wirklich ein sehr großes Ärgernis. Die Versicherung ersetzte ihm den finanziellen Schaden, der eigentliche Verlust für ihn war jedoch weitaus größer. Wilfried konnte seine Kamera wie im Schlaf bedienen, die verschiedenen Objektive vermochte er mit geschlossenen Augen auszutauschen. Die Mutter hatte ihm zur Ankunft seinen Lieblingskuchen gebacken und Schokoküsse **74** gekauft. Erst nachdem er zwei Stücke von dem Apfelkuchen verspeist hatte, brachte sie den Mut auf, ihm von den Ereignissen während seiner Abwesenheit zu berichten.

»Warum habt ihr nicht Bescheid gesagt?«, entrüstete er sich und goss sich ein Glas Wein ein. Er wusste, dass seine Eltern den Wein bei einem Winzer, dessen Gut an der Deutschen Weinstraße **75** lag, erwarben.

»Aber wir wollten dir doch deine Pilgerreise nicht verderben. Du solltest dich ganz auf dich konzentrieren können, Bub.« Die Mutter bat mit einem Lächeln um Nachsicht.

Wilfried konnte sich genau daran erinnern, was er gefühlt hatte. Er war wie am Boden zerstört gewesen und tieftraurig. Seine Foto-Ausrüstung hatte er mit so viel Liebe zusammengetragen, sie war sein ganzer Stolz. Und nun war sie einfach weg. Geklaut von irgendeinem Idioten, der nichts damit anzufangen wusste, außer sie zu verhökern.

Nach einer Weile, während der er sich von seinem Umfeld ziemlich zurückgezogen hatte, was ihm ein Leichtes war, da er ohne Kundenkontakt in der Buchhaltung eines mittelständischen Unternehmens arbeitete, blieb ihm nichts anderes übrig, als dem Rat seines Vaters zu folgen.

»Kauf dir halt eine neue. Den Rest kriegst du von uns drauf. Wer weiß, wie lange wir leben, Mutter und ich, da geben wir lieber mit warmer Hand. Du erbst ja sowieso mal alles.«

Und so kam es dann, dass Wilfried sich doch eine Digitalkamera kaufte, eine besonders leichte Ausführung. Das Wunderwerk an Technik begeisterte ihn entgegen seiner Erwartung ziemlich rasch, und bald schon frönte er wieder seiner Lieblingsbeschäftigung. Die Schmerzen in der Hand blieben weg. So kam es, dass sein Versprechen in Vergessenheit geriet. Das war eine Sünde, so viel war ihm jetzt, wo ihm alles wieder eingefallen war, klar. Man durfte einem Heiligen nicht etwas versprechen und es dann nicht einhalten. So etwas hatte böse Konsequenzen. Welch ein Wunder, dass diese bislang ausgeblieben waren. Es war nun wirklich an der Zeit für ihn, sein Gelübde zu erfüllen. Wer wusste denn schon, wie viel Zeit ihm der Heilige dafür zugestand? Lange genug gewartet hatte er ja schon.

Wilfried stieg die schmale Treppe vom Dachboden hinunter. Wo sollte er denn auch um Himmels willen eine Hand mindestens aus dem Mittelalter herbekommen? Er überlegte, während draußen ein plötzlich aufgezogenes Gewitter heftigen Regen brachte. Heutzutage können die Wissenschaftler ja alles überprüfen! Die legen die Hand in einen Kernspintomografen und können dann alles Mögliche ablesen, auf jeden Fall aber das Alter datieren.

Sollte er auf den Friedhof schleichen und dort im Schutze der Nacht eine Hand klauen? Die ältesten Gräber dort waren jedoch aus dem 18. Jahrhundert! Zu dieser Zeit war der Friedhof nämlich angelegt worden, das wusste er aus dem Heimatkundeunterricht in der Schule.

Allmählich wurde es eng für ihn. Wenn er den Teil seines Gelübdes nicht erfüllte, machte Jakobus seine Heilung womöglich rückgängig. Oder er sandte ihm Handkrebs? Sodass sie gar amputiert werden musste? Das nächste heilige Jahr, in dem der Geburtstag des Apostels auf einen Sonntag fiel, war im Jahr 2021. Bis dahin musste er es unbedingt schaffen! Aber wie?

Nach einer schlaflosen Nacht, als zu allem Überfluss der Immobilienmakler, den er mit dem Verkauf des Elternhauses betraut hatte, anrief und einen Besichtigungstermin für Interessenten am selben Tag vereinbarte, fiel ihm auf dem Weg zur Arbeit eine mehrere Zentimeter große Überschrift auf der Titelseite einer Zeitung auf. »Sensation! Alten Mönchsfriedhof in der Pfalz entdeckt!« Wilfried hielt inne. Er kramte nach seiner Börse, kaufte das Blatt und überlegte, ob das seine Rettung bedeuten könnte.

Noch im Gehen überflog er den Artikel. Die ältesten Knochen, so wurde vermutet, stammten aus dem frühen Mittelalter. Reichte das für seine Zwecke? Und es waren Männerskelette. Die Wissenschaftler konnten doch heutzutage auch das

Geschlecht bestimmen? Er konnte dem Heiligen schließlich schlecht eine Weiberhand bringen.

Den ganzen Tag über konnte sich Wilfried nur schwer auf seine Arbeit konzentrieren. Er machte sogar eine Fehlbuchung, auf die ihn die Plausibilitätsprüfung der Buchhaltungssoftware hinwies. In der Mittagspause kaufte er sich hastig einen kleinen Imbiss auf dem Wochenmarkt **76**. Als er endlich Feierabend hatte, musste er erst den Termin mit dem Immobilienmakler hinter sich bringen.

»Von wann ist denn das Haus überhaupt?« Ein Paar war zur Besichtigung gekommen, die üppige Brünette zog die Nase kraus, als sie durch die Räume schritt.

Auch wenn sein Auszug bereits beschlossene Sache war, so mochte er es nicht, Fremde im Haus zu haben. Er fühlte sich so seltsam nackt dabei.

»Die Fenster! Lassen Sie die noch austauschen?« Die Frau strich mit dem Finger über den Holzrahmen, von dem die Farbe absplitterte.

Als Wilfried verneinte, verlangte sie, das Badezimmer zu sehen. Ihr Mann unterhielt sich im Hintergrund mit dem Makler. »Abreißen und neu bauen?«, konnte er aus dem leise geführten Gespräch heraushören sowie das Wort »Sanierungsstau«. Währenddessen war die Brünette bereits ins Bad geplatzt. »Grundgütiger! Ist das hier ein Museum **77**?« Sie beäugte ungläubig den heizbaren Badeofen, in dem seit Jahrzehnten das Wasser mit Holzfeuer aufgewärmt wurde.

Wilfried verschränkte hilflos seine Hände ineinander. Er wollte eigentlich rasch weg, um nach diesem entdeckten Friedhof zu schauen, und die Frau machte hier so ein Theater! Wie lange wollten die sich eigentlich hier aufhalten? Wenn sie das Haus nicht vorhatten zu kaufen, dann konnten sie es doch einfach sagen und wieder gehen.

Die Frau drehte sich um und rauschte nach draußen, wobei sie an ihren Mann die Botschaft richtete: »Georg, hier ziehe ich auf keinen Fall ein!«

Der Makler, der schon seit geraumer Weile versuchte, das Haus an neue Eigentümer zu bringen, hob beschwichtigend die Hände und richtete sich direkt an Wilfried. »Sie müssen mit dem Preis runtergehen. Es entstehen Kosten für den Abbruch des alten Hauses, die müssen Sie abziehen.«

Wilfried schnappte nach Luft. »Raus hier! Alle! Das Haus wird nicht abgerissen! Auf keinen Fall.«

Der Käufer in spe schüttelte den Kopf. »Das werden Sie dem neuen Eigentümer nicht absprechen können. Der kann mit dem da«, seine Hand wies mit einem Bogen auf das abgewetzte Interieur, »machen, was ihm beliebt. Schönen Tag noch, der Herr.« Er nickte dem Makler zu: »Und melden Sie sich! Ich habe Interesse an dem Grundstück, aber nicht zu diesem völlig überzogenen Preis.«

Wilfried hatte ganz und gar nicht vor, an diese unliebsamen Menschen zu verkaufen. Sein Elternhaus sollte schließlich erhalten bleiben! Er wollte weiterhin bei Spaziergängen daran vorbeischlendern und nicht etwa an so einem modernen Bau, der an derselben Stelle stand. Nein und nochmals nein! Er war es seinen Eltern schuldig, dass ihr Haus erhalten blieb. Wenn es nötig war, musste er eben ein wenig Geduld aufbringen und den Überbrückungskredit, mit dem er bereits die kleine Eigentumswohnung gekauft hatte, bei der Bank verlängern. Er öffnete die Tür seines Kühlschrankes auf der Suche nach etwas Essbarem und fand ein Glas salzig eingelegte Fische.

Als es dunkel war, zog er sich um. Dann nahm er sein Fahrrad aus dem Schuppen. Die Überreste des Klosters, auf die die Arbeiter beim Bau einer neuen Straße gestoßen waren, befanden sich nur wenige Kilometer von seinem Haus entfernt. Einer der Arbeiter hatte laut dem Zeitungsartikel nach der Entdeckung sofort bei einem Historischen Museum angerufen, dessen Leitung wiederum unverzüglich die Ausgrabungsabteilung der Landesstelle eingeschaltet hatte. Mit dem Fahrrad würde er kein Aufsehen erregen, denn das wollte er auf keinen Fall. Wie gut, dass er erst kürzlich die Kette geölt hatte. Nun lief sie völlig geräuschlos.

Als er sich dem in der Zeitung beschriebenen Gelände näherte, drückte er den Dynamo vom Vorderrad weg. Er wollte ja schließlich nicht gesehen werden. Die Ausgrabungen hatten erst begonnen, so hatte es in dem Artikel gestanden, und auch, dass noch nicht alle Gräber ausgehoben waren. Es gab also eine reelle Chance für ihn, hier selbst ein Skelett auszubuddeln. Zu diesem Zweck hatte er in einer Tasche auf dem Gepäckträger einen kleinen Klappspaten dabei. Er hoffte, in der Dunkelheit zu finden, wonach er suchte.

Wilfried legte das Fahrrad unter einen Busch und fluchte laut, weil er sich dabei die Hand an Dornen zerkratzte. Aber sofort verstummte er wieder und leckte mit der Zunge über den aufgekratzten Daumen. Wenn er schon nicht gesehen werden wollte, so war es doch sicherlich zusätzlich gut, darauf zu achten, nicht gehört zu werden! Er atmete ganz flach und versuchte sich auf seine Umgebung zu konzentrieren. War da jemand außer ihm? Er lauschte angestrengt, konnte aber nichts anderes hören als seinen eigenen Atem und den Ruf eines Käuzchens. In der sternenklaren Nacht vermochte er sogar relativ gut zu sehen. Er hatte einige Übung darin, in der Morgendämmerung nach seinen Fotoobjekten Ausschau zu halten, und konnte deshalb jetzt auf dem vom Mondlicht beschienenen Gelände einiges erkennen. Das Gräberfeld war mit einem Plastikband abgesperrt. Er hatte Glück, denn weit und breit schien außer ihm tatsächlich keine Menschenseele anwesend zu sein. Innerlich beglückwünschte er sich zu der Jahreszeit. Wäre es jetzt Winter gewesen, hätte er mit seinem Klappspaten in dem Boden nichts ausrichten können. Gestern hatte es geregnet, alles würde weich sein und er in seiner Vorstellung mit seinem Werkzeug in die Erde wie in ein Stück Sahne stechen.

Die ersten Gräber waren bereits ausgehoben, und da das Gelände insgesamt gesichert war, lagen die länglichen Gruben ungeschützt. Um ein Haar wäre er in eine davon hineingefallen, die er erst im letzten Moment wahrnahm. Neben der letzten Aushebung hielt er inne. Hier waren bereits die Grasbüschel entfernt worden. Er strich mit der Hand über die Erdkrumen. Die Erde war feucht von dem heftigen Regen gestern.

Der Spaten blieb in der feuchten Erde stecken. Mit Mühe zog er ihn wieder heraus. Sein Unterfangen erwies sich als ziemlich mühselig. Das Graben war bei Weitem nicht so einfach, wie sich das vorgestellt hatte. Sein salziges Abendessen verursachte ihm Durst. Er verfluchte sich dafür, kein Getränk eingepackt zu haben.

Wilfried hatte keine Ahnung, wie lange er schon am Buddeln war. Seine Kleider waren lehmverschmiert, die Haut an den Händen aufgerissen. Der Durst wurde immer elendiger, und auch ein leiser Hunger meldete sich. Außer seinem Spaten hatte er nichts bei sich. Wie spät es wohl war? Seine Armbanduhr hatte er, wie immer, wenn er von der Arbeit nach Hause kam, im Badezimmer abgelegt. Er seufzte. Wie viel Zeit hatte er zur Verfügung? Wann würden die Archäologen zur Grabungsstätte kommen? Er musste weg sein, bevor sie anrückten. Aber er brauchte doch eine Hand! Der Heilige Jakobus war bestimmt schon sauer auf ihn, und das völlig zu

Recht! Er war noch immer auf kein Skelett gestoßen und der Durst quälte ihn immer mehr. Brennender Schweiß rann ihm in die Augen. Er legte den Spaten beiseite und stolperte einige Schritte. Da sah er im blassen Mondlicht eine Flasche stehen. Er griff danach, löste mit schrammigen Fingern den Verschluss. Die hatte bestimmt einer der Arbeiter hier vergessen. Gierig setzte er die Flasche an seinen Mund und trank hastig einige Schlucke. Seine Kehle war so trocken, dass er gar nicht schmeckte, was er trank. Er deutete es als Wink des Himmels, dass er die Flasche gefunden hatte. Eine kurze Pause nur, dann würde er wieder weitergraben.

Das Letzte, woran Wilfried dachte, war der leckere Apfelkuchen seiner Mutter. Mit leicht gezuckerter Sahne obenauf. Nachdem er hellen Schaum erbrochen hatte, lag er eine Weile in Krämpfen, dann wurde es dunkel um ihn.

Die Archäologen wunderten sich am nächsten Tag über eine frische Leiche auf dem alten Friedhof. Axel, dem Praktikanten, war nun wieder eingefallen, wo er gestern die Flasche Wasserstoffperoxid vergessen hatte, die er in der Mittagspause für seinen Vater, den Tierpräparator, eingekauft hatte.

72 Landgut Buschmühle; bietet stilvollen Genuss im hübschen Ambiente. Von der Straße ins Tal kommend taucht man ein in diese Welt herzlicher Gastfreundschaft, in der man bei freundlichem und aufmerksamem Service für eine Weile den Alltag getrost außen vor lassen kann. Mehrere Räume stehen für die Gäste zur Verfügung: So nimmt man etwa Platz in der kuscheligen Bibliothek oder im Kaminzimmer. Für große Gesellschaften und Feierlichkeiten bietet sich der Pfauensaal an. Im Sommer sitzt man sehr fein auf der großen Terrasse, die mit ihren Orangen- und Zitronenbäumen mediterran anmutet. Das Landgut Buschmühle gelangte bereits im Jahr 1888 in den Besitz der Familie der heutigen Betreiber. Damals erwarb Johannes Sauter die Buschmühle, um sie 1890 an seinen Schwiegersohn Jakob Hünerfauth zu übergeben, der dem Mühlenbetrieb zunächst eine Bäckerei hinzufügte, deren Brot er mit Pferdefuhrwerken in die Dörfer um Landau und Edenkoben sowie ins Ramberger Tal brachte und dort verkaufte. Das heutige Restaurant »Landgut Buschmühle« geht schließlich auf die Gaststätte zurück, die im Jahr 1900 eingerichtet wurde und die schon bald ein beliebtes Ausflugsziel für Wanderer und Städter aus Landau wurde, die sie gerne mit ihren Pferdekutschen besuchten. Im Jahr 1958 wurde die eigentliche Mühle stillgelegt, das große hölzerne Wasserrad wurde endgültig abgeschaltet. Eine Anmeldung zum mehrgängigen wechselnden Menü wird empfohlen. www.buschmuehle.de

73 Villa Ludwigshöhe; das Schloss Villa Ludwigshöhe ließ König Ludwig I. von Bayern erbauen. Die Pfalz ging 1816 an die Krone Bayerns. Ludwig I. war der Herrscher, der auch das Staatsbad Bad Brückenau maßgeblich baulich beeinflusste. Näheres hierzu im Band »Mörderische Staatsbäder«, Hrsg. Friederike Schmöe und Petra Steps, Gmeiner Verlag 2018. Trotz seiner schönen Bauten musste Ludwig I. aber nicht wie einer seiner Nachfolger wegen angeprangerter Verschwendungssucht abdanken, sondern wegen seiner Affäre mit der Tänzerin Lola Montez, die ein schillerndes Leben führte. Das heitere Schloss mit seiner großen Terrasse, von der aus man einen schönen Blick über die pfälzische Landschaft hat, steht in der Nähe von Landau bei Edenkoben. In der Umgebung des Schlosses gibt es viele Bäume, die Esskastanien tragen. Eine Spezialität, die Verwendung beim »Pfälzer Saumagen« findet.

74 Trauth & Söhne; die Firma Eugen Trauth & Söhne in Herxheim bei Landau bietet Schokoküsse in vier Sorten und Geschmacksrichtungen an. Auch andere Leckereien wie etwa Orangenstäbchen mit Zartbitterschokolade sind im Sortiment. www.trauth-herxheim.de

75 Deutsche Weinstraße; zur Pfälzer Genussfreude gehört unbedingt der Wein. Viel ist schon geschrieben worden über das edle Getränk, dessen Trauben auch in der Pfalz angebaut werden, übrigens schon seit der Römerzeit. Landau liegt an der Südlichen Weinstraße. Insgesamt ist die Deutsche Weinstraße 85 Kilometer lang und lädt ein zum genussvollen Wandern. In der Pfalz ist es zu jeder Jahreszeit schön: im Frühjahr zur Mandelbaum-

blüte und auch im Herbst, wenn die vollen Trauben satt
an den Reben glänzen und die Ernte kurz bevorsteht.

76 Wochenmarkt in Landau; der Landauer Wochenmarkt
bietet schon wegen seiner schönen Kulisse ein ganz
besonderes Einkaufserlaubnis. Er findet auf dem historischen Marktplatz der einstigen französischen Gar-
nisonsstadt statt – Landau war von 1918 bis 1930 unter
französischer Besatzung. An jedem Dienstag und Samstag werden hier von 7 bis 14 Uhr frische Waren und Köstlichkeiten aus der Pfalz feilgeboten.

77 Bauernkriegshaus Landau-Nußdorf; Beispiele früheren
Lebens in der Pfalz finden sich im Bauernkriegshaus
Landau-Nußdorf. An diesem Ort brach der pfälzische
Bauernkrieg aus, der im Museum mit Exponaten dargestellt wird. Der Bauernkrieg erfasste in den Anfangs-
jahren der Reformation weite Teile der deutschen Lande.
Luther, dessen Schrift »Von der Freiheit eines Christen-
menschen« große Teile der Bevölkerung Hoffnung auf
persönliche Freiheit schöpfen ließ, fühlte sich von den
Bauern missverstanden. Der Aufstand wurde brutal und
mit großen Verlusten für die bäuerliche Bevölkerung nie-
dergeschlagen. Die Öffnungszeiten des Bauernkriegshau-
ses in Landau-Nußdorf sind hier zu finden: www.bau-
ernkriegshaus-nussdorf.de

WOHLBEHÜTET

CLAUDIA SCHMID

Neustadt an der Weinstraße

Heitrude Schwarz stand am Fenster. Sie blickte zu den Wipfeln der Bäume auf dem leicht ansteigenden Hang hinter Neustadt. Wie lange war sie schon nicht mehr in ihrem geliebten Pfälzer Wald wandern gewesen? Sie seufzte. Ihr Ehemann Wolfhard war durch nichts mehr aus dem Haus zu bringen. Dabei wäre sie so gerne den Jakobsweg gegangen, zumindest den pfälzischen. Sie konnte es ja verstehen, dass er ab einem bestimmten Alter nicht mehr ins Ausland reisen wollte. Aber es gab doch auch hier schöne Flecken, die es zu erkunden galt? Wenn er wenigstens bis nach Speyer mit ihr ginge! Aber nein, genauso gut hätte sie gegen einen Sandsteinfelsen reden können. Er war stur wie ein alter Geißbock. Zur alljährlichen Versteigerung 78 desselben im nahen Deidesheim konnte sie ihn auch schon seit Jahren nicht mehr hinbewegen. Immerhin gab es ein klein wenig Ablenkung für sie, wenn ihre Nachbarn in Urlaub fuhren. Die baten sie dann nämlich immer, ihr Haus zu hüten. Sie liebte es, durch die fremden Zimmer zu gehen und nach dem Rechten zu sehen. Manchmal legte sie sich auch auf die Betten und malte sich aus, wie es wäre, in diesem geräumigen Haus ohne ihren Wolfhard zu leben und ebenfalls Reisen zu unternehmen. Es kam ihr wie ein kleines Himmelreich vor.

»Für drei Wochen dieses Mal, das ist ganz schön lange, nicht wahr? Wird Ihnen das nicht zu viel?« Das schlechte Gewissen schwang bei jedem Wort mit. Beatrice lächelte es hinweg.

Irgendjemanden brauchte sie schließlich, der das Haus hütete, wenn sie unterwegs waren. Sie hatte Angst vor einem Einbruch. Die Nähe zur Autobahn war perfekt für Diebesbanden, um nach Einbrüchen schnell zu türmen. Ihr Mann hätte lieber einen professionellen Service beauftragt, das hielt er ihr jedes Mal vor. Aber sie schwor dennoch auf die Nachbarin Heitrude. Die war schließlich die meiste Zeit über zu Hause und bekam alles mit, was sich in der Straße abspielte. Es gab kaum etwas, was ihrem Blick verborgen blieb. Weil sie ihren bettlägerigen Mann nicht lange alleine lassen konnte, ging sie nicht aus und war deshalb selbst viel im Haus. An der kam mit Sicherheit kein Einbrecher vorbei! Zumindest nicht, ohne dass sie ihn bemerkt und flink die Polizei angerufen hätte.

»Nein, nein, wo denken Sie nur hin. Ich mache es doch gerne! Wohin geht es denn dies Mal?«

»Kanada. Wir hatten so viel Stress in letzter Zeit und möchten mal komplett abschalten.«

Stress – den hätte Heitrude auch gerne. Ihr eigenes Leben war so langweilig, dass sie sich selbst die Abenteuer ihrer Salatschnecken aufregender vorstellte.

»Und grüßen Sie Ihren Mann!«

Heitrudes Mundwinkel zuckten keinen Millimeter.

Sogleich, nachdem die Nachbarn mit dem Taxi zum Flughafen unterwegs waren, ging sie hinüber zu deren Haus und schloss die Tür auf. Es war für sie wie ein Eintreten in eine völlig andere Welt. Die Nachbarn führten ein Leben, das sie für sich auch gerne gehabt hätte. Sie hatten, im Gegensatz zu ihr, erwachsene Kinder, an deren Leben sie Anteil nehmen konnten. In Heitrudes eigenem Leben gab es rein gar nichts, was ihr auch nur ein wenig Freude bereitet hätte. Sie öffnete die Fenster und ließ die frische Morgenluft herein. Ihre Nachbarn hatten sogar einen hübscheren Ausblick als sie selbst! Sie drehte sich um und ließ ihren Blick über die edlen Möbel schweifen. Vor allem die Küche in ihrem modernen Design hatte es ihr angetan. Sie fummelte an den Funktionsschaltern des Herdes herum. Fabelhaft, was der alles konnte! Alles, wirklich alles war hier besser als bei ihr zu Hause. Sie ging über die Treppe nach oben. Die Betten waren mit elfenbeinfarbener Bettwäsche bezogen. Ein Traum! Heitrude setzte sich.

Mit Hingabe versorgte sie auch den nachbarlichen Garten. Ihren eigenen, der entschieden kleiner war als der der Nachbarn, hatte ihr Mann vor Jahren komplett zubetoniert. Er hatte seine Hasenställe dort aufgestellt und behauptet, so könne er alles leichter sauber halten. Mehrmals täglich hatte er alles mit einem kräftigen Wasserstrahl abgespritzt. Die Hasen waren längst weg, der mittlerweile mürbe Beton war geblieben.

Viel zu schnell vergingen für Heitrude die drei Wochen, bis ihre Nachbarn wiederkamen. Zur Begrüßung hatte sie Quetschekuche mit Grumbeersupp **79** zubereitet. Daniel, der unter Jetlag litt und jetzt gerne seine Ruhe gehabt hätte, wäre es lieber gewesen, sie hätte sich gleich wieder verabschiedet.

Aber Heitrude nahm erwartungsvoll am Küchentisch Platz. »Wie war es? Haben Sie viel gesehen?« Sie war gespannt wie ein Flitzebogen.

Beatrice gab sich Mühe, nett zu sein. Denn die nächste Reise war bereits geplant und es war so überaus praktisch, Heitrude als Haushüterin zu haben. »Morgen erzähle ich Ihnen mehr. Heute sind wir müde. Wir würden uns jetzt gerne etwas ausruhen. War hier alles in Ordnung?« Sie überreichte Heitrude einen großzügigen Gutschein einer örtlichen Buchhandlung und eine Eintrittskarte zu einer Lesung dort inklusive der Fahrt mit dem Taxi.

»Ach, gehen Sie zu, das hätte es doch gar nicht gebraucht!«
Schnell schob Heitrude den Gutschein in ihre Hosentasche.
»Aber wenn Sie jetzt müde sind«, sie hob bedauernd ihre Hände
und legte einen jammernden Klang in ihre Stimme, »dann gehe
ich halt.« Sie erhob sich schwerfällig und schlurfte hinaus.

Als Beatrice ihr nachblickte, stellte sie fest, dass die Nachbarin sich sogar in ihrem Garten nützlich gemacht hatte. Ein
großes Blumenbeet war komplett neu bepflanzt.

Schon am nächsten Abend, als Beatrice und Daniel nach Hause
kamen, saß sie wieder in der Küche.

Daniel hob die Augenbrauen und guckte beinahe wie ein
Elwedritsche **80**. »Hast du ihr nicht den Hausschlüssel abgenommen?«, raunte er seiner Frau zu.

»Komplett vergessen«, murmelte Beatrice zurück.

»Ich habe eine Kleinigkeit für Sie zubereitet!« Heitrude
strahlte und öffnete den Backofen. »Ein pikanter Gemüseauf-
lauf, mit Käse überbacken. Ich hoffe, Sie mögen das.«

»Ich gehe schon mal nach oben.« Daniel verschwand.

Beatrice war die Situation unangenehm. Ihr Mann konnte
manchmal so brüsk sein. Die arme Nachbarin, die hatte genug
Sorgen mit ihrem seit Jahren kranken Mann am Hals, und
außerdem hatte sie es mit dem Kochen doch nur gut mit ihnen
beiden gemeint.

Am dritten Tag jedoch wurde es Daniel endgültig zu bunt.
Nachdem er Heitrude erblickt hatte, war er wieder sofort nach
oben in sein Arbeitszimmer geflüchtet, um dort laut herum-
zurumoren. Als er einige Zeit später endlich die Haustür ins
Schloss fallen hörte, kam er eilig herunter.

»Wann nimmst du dieser Frau endlich den Schlüssel ab?
Und was soll das, dass die für uns kocht? Das geht wirklich
entschieden zu weit.«

Beatrice blickte bekümmert. Sie schaffte es nicht, Heitrude darum zu bitten, ihr den Schlüssel zurückzugeben. Die Frau tat ihr leid. Immerzu hatte die nur ihren alten Mann um sich. Sie hatte doch sonst niemanden außer ihnen. Andererseits konnte sie Daniel natürlich verstehen, der, wenn er aus seiner Anwaltskanzlei nach Hause kam, seine Ruhe haben wollte. Für Beatrice war dieser Konflikt eine regelrechte Zwickmühle. Wie sollte sie da bloß einen Ausweg finden?

»Du hättest ihn gleich nach unserer Rückkehr zurückverlangen müssen!«, brauste Daniel auf.

»Hätte, hätte, hätte! Ich war genauso müde wie du«, gab sie genervt zurück. »Warum hast *du* ihn denn nicht zurückgefordert?«

»Weil du diejenige warst, die ihn ihr gegeben hat, schon vergessen? Ich hätte sowieso einen Hausmeisterservice mit der Versorgung unseres Hauses beauftragt. Die arbeiten anonym und ihre Mitarbeiter gehen wieder, wenn man nach Hause kommt. Die stellen einem auch kein Essen auf den Tisch. Zumindest nicht ungefragt.«

»Sie tut mir halt leid.«

»Verlang endlich den Schlüssel von deiner Heitrude zurück.«

»Sie ist nicht *meine* Heitrude.« Beatrice schmollte.

»Ich will, dass sie endlich den Schlüssel dalässt. Herrgott noch mal, das wird doch möglich sein! Mitleid hin oder her!«

Als Beatrice und Daniel am nächsten Abend von ihrer Arbeit nach Hause kamen, rochen sie bereits vor ihrer Haustür das Aroma von Sauerkraut. Der Duft strömte aus dem gekippten Fenster, akustisch untermalt von Volksmusikklängen.

Daniel riss ungestüm die Haustür auf. Auf dem Küchentisch lagen drei Gedecke. Sogar frische Blumen standen in der Vase.

»Gell, das mögen Sie doch?« Heitrude lächelte breit. Schnell schaltete sie die Musik ab. »Jetzt setzen Sie sich hin und vergessen Ihren Alltag. Es ist alles vorbereitet.« Mit einer einladenden Geste wies sie zum Tisch.

»Wir haben uns bei einem Sauerkrautessen kennengelernt. Es ist unser beider Lieblingsgericht.« Beatrice hatte bereits Platz genommen.

Daniel widerstand der Versuchung, sich ebenfalls an den Tisch zu setzen und herzhaft zuzulangen. »Das dürfte aber kaum jemandem bekannt sein. Woher wissen Sie davon?«, wandte er sich direkt an Heitrude.

Die lief rot an. »Reiner Zufall!« Dass sie in den Fotoalben der Familie herumgeschnüffelt hatte, behielt sie für sich.

Beatrice gab ihrem Mann durch Gesten zu verstehen, er möge sich setzen. »Das ist wirklich ein Zufall. Heute ist nämlich unser Jahrestag.«

Daniel wurde prompt von einem schlechten Gewissen befallen. Er hatte diesen Tag mal wieder vergessen. Und zu allem Überfluss kochte ihnen die Nachbarin nun ausgerechnet heute ihr Erinnerungsessen. Er als Anwalt glaubte an Fakten, nicht an Zufälle. Diese Heitrude, die nun ebenfalls mit ihnen am Tisch saß, verschaffte sich ungebeten Zutritt zu ihrem Leben. So etwas nannte man Stalking. Aber wie konnte er sie ausbremsen? Seine Frau stand ja schon mehr als halb auf ihrer Seite, das spürte er deutlich. Die fand es offensichtlich ganz praktisch, nach Hause zu kommen und ein fertiges Essen auf dem Tisch stehen zu haben. Er selbst hätte allerdings nichts gegen einen Lieferservice einzuwenden gehabt. Es musste ja nicht gleich Essen auf Rädern sein. Daniel dachte vielmehr an den Pizzaservice vor Ort. Vielleicht sollte er einfach auf Abstand gehen, bevor er zu der drastischen Methode schritt, das Türschloss auswechseln zu lassen. Sein junger Partner in der Kanzlei hatte ihn während des letzten Urlaubs wunderbar vertreten. Den konnte er beruhigt mit seiner Arbeit betrauen. In Daniel reifte die Idee, einfach abzutauchen. Ganz alleine. Und dabei zu ergründen, woran es lag, dass ihn neuerdings so vieles störte. Wäre er mit sich selbst im Gleichgewicht, würde es ihm sicher gelingen, die Dinge gelassener zu sehen. Das war es! Er brauchte eine Auszeit. Nur für sich. Er würde das klären. Jetzt auf der Stelle.

»Ich geh dann mal pilgern«, stellte er nüchtern fest.

Beatrice fiel vor Schreck beinahe die Gabel aus der Hand. Über das Alter einer Midlife-Crisis waren sie doch beide schon hinaus! Hatte die ihren Mann nun verspätet doch noch eingeholt?

Aber Heitrude strahlte wie auf Knopfdruck. Sie sah aus, als würde sie jeden Moment aufspringen und Daniel um den Hals fallen. »Eine wunderbare Idee! Endlich habe ich jemanden gefunden, der mich begleitet. Das will ich schon so lange machen! Wann geht's los? Ich bin bereit!«

Daniel entgleisten für einen Moment die Gesichtszüge, bevor er sich wieder unter Kontrolle hatte. »›Pilger‹ heißt übersetzt ›Fremder‹. Ein Fremder ist in der Regel alleine unterwegs. Wie kommen Sie bloß auf die Idee, mich zu begleiten?« Er schob seinen Stuhl zurück und erhob sich. »Und wenn ich wieder da bin«, er zeigte auf den Tisch, »hat das hier ein Ende. Ich brauche meine Privatsphäre, wenn ich heimkomme.«

Heitrude brach sofort in Tränen aus. Sie schossen aus ihren Augen, kullerten über ihre Wangen. »Ich meine es doch nur gut mit Ihnen! Weshalb sind Sie nur so gemein zu mir? Ist das Ihr Dank? Außerdem gibt es genügend Gruppenreisen nach Santiago de Compostela. Ich habe es gar nicht nötig, mich aufzudrängen.«

»Eine wunderbare Idee. Dann schließen Sie sich doch einer an!« Daniel klatschte in die Hände. »Problem gelöst!«

Heitrude schob trotzig ihre Unterlippe nach vorne. »Aber die kenne ich doch alle nicht.«

»Wissen Sie was? Ich will nicht mit Ihnen gemeinsam pilgern. Sehen Sie das doch ein! Und rücken Sie endlich unseren Schlüssel heraus. Ich brauche keinen Gast, wenn ich abends nach Hause komme. Ich will nach einem anstrengenden Arbeitstag nur eins: meine Ruhe!«

Das letzte Wort hatte er regelrecht herausgeschrien und Heitrude war zusammengezuckt. Wie ein Häuflein Elend war sie auf dem Stuhl zusammengesackt. Ihre Hand ruhte auf ihrem Herzen. Dem Anschein nach hatte sie Mühe mit ihrer Atmung.

Beatrice bedachte ihren Mann mit einem vorwurfsvollen Blick, bevor sie sich Heitrude zuwandte. »Er hat es doch nicht so gemeint, meine Liebe.«

»Und ob ich das so gemeint habe!« Daniel war wütend darüber, dass seine Frau ihm derart in den Rücken fiel. Er drehte sich um und rauschte aus der Küche.

Von der oberen Etage aus hörte er das Klappern von Geschirr und Besteck. Das ging so nicht weiter! Wenn seine Frau sich gegenüber der Nachbarin nicht durchsetzen konnte, dann ließ er eben das Schloss austauschen. Und im nächsten Urlaub kümmerte sich dann wirklich eine Sicherheitsfirma um ihr Haus. Eine Geschäftsbeziehung ohne Emotionen, das war es, was er wollte. Er benötigte seine gesamte Energie für sich selbst und konnte kein Jota davon für die Nachbarin vergeuden.

»Es ist doch nur … ich bin immer so allein«, jammerte Heitrude derweil unten in der Küche.

»Ist es wieder schlimmer geworden, mit Ihrem Mann?« Behutsam legte Beatrice ihr eine Hand auf den Arm. »Man bekommt ihn ja schon eine ganze Weile nicht zu Gesicht.«

Heitrude nickte. »Jetzt will er nicht mal mehr am Fenster sitzen.

Liegt nur noch den ganzen Tag im Bett.« Sie schluchzte. »Außerdem ist mein Herz nicht in Ordnung. Ich sollte mich eigentlich gar nicht so aufregen wie jetzt grade.« Ihr Ton war nun vorwurfsvoll.

»Und dass sie sich eine Entlastung holen?«

»Wovon soll ich das denn bezahlen? Sie stellen sich das wirklich einfach vor!« Sie erhob sich mühevoll. »Ist das der Dank? Dass Ihr Mann jetzt so mit mir umgeht? Zum Haushüten bin ich gut genug, aber Ihre Zeit wollen Sie nicht mit mir verbringen, was? Denken Sie daran, Sie werden auch mal alt sein und sind dann vielleicht allein. Genauso wie ich jetzt.« Mit diesen Worten schleppte sie sich zur Tür. »Und das, obwohl ich mir solche Mühe beim Kochen gegeben habe.«

Beatrice blieb benommen zurück. Heitrudes Worte verwirrten sie, denn sie war doch immer freundlich zu ihr gewesen. Hatte sie die ganze Zeit über nicht begriffen, wie sehr Heitrude sie wirklich brauchte? Sie hatte ihr stets eine Entlohnung für das Haushüten gegeben und war dabei sehr großzügig gewesen. War das etwa nicht genug? Sie hatten Heitrude schließlich nicht gebeten, für sie beide zu kochen, das hatte sie ganz von allein getan.

Und dann Daniels Ausbruch. Was meinte der mit dieser Pilgerreise? War das eine Idee, die ihm erst heute in den Sinn gekommen war? Oder trug er sich schon länger mit diesem Gedanken und wollte womöglich Abstand von ihr, seiner Ehefrau?

Am nächsten Morgen wurden die beiden von dem Klingeln an ihrer Haustür geweckt. Daniel warf einen Blick zum Wecker auf seinem Nachttisch. 7 Uhr! Er hätte sich ohnehin in wenigen Minuten von seiner Bettstatt erhoben, aber wer um Himmels willen klingelte um diese Uhrzeit mit solch einer Ausdauer bei ihnen? Er stand auf, griff nach dem leichten Hausmantel, der neben der Schlafzimmertür hing, und ging nach unten.

Als er die Tür geöffnet hatte, konnte er seine Verwunderung nicht verbergen. Er hatte zwar als Anwalt hin und wieder mit der Polizei zu tun, etwa, wenn er einen Mandanten zur Befragung begleitete. Aber dass die in aller Frühe bei ihm zu Hause erschien, hatte er in all seinen Berufsjahren noch nicht erlebt.

»Guten Morgen, Wachtersdonk mein Name.« Der Uniformierte wies auf seine Kollegin und stellte sie kurz vor. »Dies ist Frau Meinhardt. Wir beide hätten ein paar Fragen an Sie. Dürfen wir hereinkommen?«

Daniel machte einen Schritt zur Seite und gab damit den Weg für die beiden frei. Vor dem Haus der Nachbarin, über die er sich seit Tagen ärgerte, stand ein Streifenwagen.

Als sie zu dritt um den Küchentisch saßen, kam Beatrice die Treppe herunter. Sie hatte sich in aller Eile ihre Kleider übergestreift.

»Es geht um Ihre Nachbarn.« Er zeigte auf Heitrudes Haus. »Wann haben Sie Herrn Schwarz das letzte Mal gesehen?«

Beatrice warf Daniel einen kurzen Blick zu. »Wir waren weg, im Urlaub. Bis vor wenigen Tagen«, erklärte sie dann wahrheitsgemäß. »Aber seit wir zurück sind, haben wir ihn nicht gesehen, glaube ich. Er saß sonst immer gerne am Fenster, an das ihn seine Frau in seinem Rollstuhl schob.«

Daniel fasste nach ihrer Hand, die sie auf seinen Arm gelegt hatte, und hielt sie beruhigend fest. »Was ist denn passiert? Ihr Auftauchen hier hat doch einen bestimmten Grund.«

Herr Wachtersdonk blickte ernst. »Der Hausarzt von Herrn Schwarz hat uns verständigt. Er besucht das Ehepaar einmal die Woche und schaut nach seinem Patienten. Nun verweigert ihm Frau Schwarz aber schon zum dritten Mal den Eintritt ins Haus.«

»Das ist aber komisch. Ich habe mich allerdings selbst auch schon gefragt, weshalb er nicht mehr am Fenster sitzt.«

»Ist Ihnen sonst irgendetwas aufgefallen?«

Beatrice und Daniel schüttelten unisono den Kopf.

Schon am Nachmittag meldete sich der Polizeibeamte erneut bei ihnen. Beatrice' Smartphone klingelte, als sie gerade bei der Stiftskirche **81** war. Während sie in Richtung des Ursinushauses **82** ging, nahm sie das Gespräch entgegen. »Hier Wachtersdonk. Können Sie sofort nach Hause kommen? Wir würden uns gerne in Ihrem Garten umsehen.«

Sie beschloss, das Buch in ihrer Tasche am nächsten Tag zurück zur Stadtbücherei **83** zu bringen. Die Besorgung in der Mittelgasse **84** würde ebenfalls bis morgen warten müssen.

Beatrice traf gemeinsam mit Daniel ein. Sie konnten sich beide keinen Reim darauf machen, weshalb ihr Garten nun plötzlich Interesse bei der Polizei geweckt hatte.

Herr Wachtersdonk wartete bereits mit einigen weiteren Kollegen, die noch im Auto saßen, auf sie. »Wir haben Herrn Schwarz nicht vorgefunden und Frau Schwarz daraufhin mit ins Präsidium zur Befragung genommen. Zuerst hat sie behauptet, sie wisse nicht, wo ihr Mann sei, was völlig absurd war, weil er, wie uns sein Hausarzt bestätigte, alleine nirgendwo hinkonnte. Nach weiterer eingehender Befragung durch eine geschulte Polizeipsychologin gab sie an, er sei eines natürlichen Todes gestorben und sie sei weiterhin auf seine Rente angewiesen. Deshalb habe sie sein Ableben nicht gemeldet. Über den Verbleib der Leiche machte sie Angaben, die ihren Garten betreffen.«

Beatrice bekam rote Flecken am Hals. »Unser Garten?« Ihr Blick suchte den ihres Mannes. »Eines unserer Beete ist neu bepflanzt.«

»Und da sagst du nichts davon?«, brauste Daniel auf.

»Über den ganzen Ärger und die Streiterei, weil sie unseren Hausschlüssel seit unserem Urlaub nicht zurückgibt, habe ich es vergessen.«

»Welches Beet ist es denn?« Herr Wachtersdonk winkte die Kollegen herbei, die daraufhin ihre Ausrüstung aus dem Kofferraum holten.

Beatrice' Gesichtsfarbe wechselte zuerst ins Rote, danach wurde sie bleich. Als ihre Wangen leicht grün wirkten, wandte sie sich ab und übergab sich.

Daniel legte seinen Arm um sie. »Sie wollen andeuten ...«

»Wir untersuchen das erst mal. Sie können ins Haus gehen, während sich unsere Spurensicherung das Beet vornimmt.«

Durch das Küchenfenster beobachteten die beiden wenig später, wie etwas, das in einen Teppich eingewickelt war, auf den Rasen gehoben wurde.

Herr Wachtersdonk kam ins Haus.

»Wo ist eigentlich Frau Schwarz jetzt?«, fragte Beatrice.

»Nach ihrem Geständnis wurde sie plötzlich verbal ausfallend und offen gewalttätig gegen die befragenden Kollegen.«

»Gewalttätig?« Beatrice blickte ungläubig.

»Sie wurde in die Psychiatrie gebracht. Manche Leute haben mehrere Gesichter, wie man so schön sagt. Für Sie hatte sie vielleicht ein freundliches Gesicht zur Verfügung. Nach außen hin hat sie die liebende Gattin gespielt, die ihren Mann versorgt. Ob ihr Mann eines natürlichen Todes gestorben ist oder durch Gewalteinwirkung, wird eine Untersuchung in der Rechtsmedizin ans Licht bringen.«

»Aber, warum ...?« Beatrice bedeckte ihren Mund mit der Hand.

»Er hat eine gute Rente bekommen. Die wollte sie, dem

Anschein nach, weiter erhalten. Ihre zu erwartende Witwenrente wäre weitaus geringer ausgefallen.«

Daniel fasste sich als Erster. »Und da hat sie ihn einfach in unserem Garten begraben ...«

Herr Wachtersdonk nickte. »Sie hatte nicht mit der Hartnäckigkeit des Hausarztes gerechnet und dachte, sie lässt ihn einfach nicht ins Haus und behauptet, ihr Mann sei noch am Leben.«

Beatrice' Gesichtsfarbe glich einem hellen Grün, mit einem Stich ins Mintfarbene. »Und warum nicht in ihrem eigenen Garten?«

»Sie dachte wohl, bei ihr selbst würde am ehesten nach ihrem Mann gesucht. Außerdem ist doch bei ihr der Garten mit Beton versiegelt. Vielleicht war es eine Kurzschlusshandlung, eine Art spontane Eingebung, der sie gefolgt ist. Und dann, als sie den Plan umgesetzt hatte, gab es kein Zurück mehr für sie. Wie hätte sie erklären sollen, dass sie ihren Mann quasi selbst beerdigt hat?«

Beatrice ging zum Esstisch und setzte sich mühsam. »Weißt du was?«, wandte sie sich nach einer Weile an ihren Mann.

Daniel war froh, dass seine Frau wieder eine annähernd normale Gesichtsfarbe hatte, und wartete gebannt auf ihre Worte.

»Du sprachst doch von einer Pilgerreise. Lass uns zusammen gehen. Während wir weg sind, lassen wir den Garten neu anlegen.« Sie nahm einen Schluck Wasser, den ihr der Polizist reichte. »Und das Haus hütet dieses Mal ein professioneller Hausmeisterservice.«

Daniel nickte zustimmend. Das wollte er selbst doch schon lange!

78 Historische Geißbockversteigerung; am Dienstag nach Pfingsten wird in Deidesheim in jedem Jahr ein Geißbock versteigert. Der Brunnen in Deidesheim, der daran erinnert, wurde von einem Künstler aus Neustadt geschaffen. Der Tributbock wird, begleitet vom »jüngsten« (also am frischsten vermählten) Brautpaar aus Lambrecht, aus historischen Gründen wegen Weiderechten von Lambrecht nach Deidesheim gebracht. Die Versteigerung wird jedes Jahr mit einem umfänglichen Programm begleitet. Der Pfingstdienstag wird in Deidesheim offiziell als Feiertag angesehen. Informationen hierzu und zu anderen Festen, wie dem Hanselfingerhutfest im Forst, das jüngst als immaterielles Kulturgut der Menschheit durch die UNESCO ernannt wurde, erteilt die Tourist Service GmbH Deidesheim, Bahnhofstraße 5, 67146 Deidesheim. www.deidesheim.de

79 Quetschekuche mit Grumbeersupp; diese Spezialität sollte man sich bei einem Besuch in der Pfalz auf keinen Fall entgehen lassen! Für den pfälzischen Zwetschgenkuchen wird Hefeteig zubereitet und mit dem Obst auf einem Blech gebacken. In der Grumbeersupp sind Kartoffeln (Grumbeere) und Gemüse. In der mit schmucken Fachwerkhäusern bestandenen Altstadt von Neustadt finden sich beim vergnüglichen Bummeln zahlreiche Möglichkeiten, diese traditionellen Gerichte zu kosten. Neben Cafés, Bistros und Gasthäusern stehen Weinhäuser für kulinarische Erkundungsreisen bereit.

80 Elwedritsche; was den Bayern ihr Fabelwesen Wolpertinger, ist den Pfälzern ihr Elwedritsche. Das sagenhafte Federvieh wird fantasievoll aus verschiedenen Komponenten zusammengesetzt, es kann auch durchaus menschenähnliche Züge tragen, etwa die einer Elfe. Am Marktplatz in Neustadt, dem historischen Zentrum der Stadt, wurde dem Elwedritsche ein Denkmal in Form eines Brunnens gesetzt. Gestaltet hat es der Neustadter Bildhauer Gernot Rumpf. Gleich zehn Elwedritsche können die Gäste hier beim Wasserspiel bestaunen. Vor dem Eingang des Rathauses, das ebenfalls am Marktplatz steht, wacht ein von Gernot Rumpf gestalteter Löwe, der das Wappentier Neustadts ist.

81 Stiftskirche; das Gotteshaus ist das Wahrzeichen Neustadts. Erbaut wurde St. Ägidius vor über 500 Jahren aus dem für die Gegend typischen Sandstein. Der Südturm mit seinen 57 Metern Höhe kann bestiegen werden und bietet Aussicht auf die Stadt und den Pfälzer Wald. Im sieben Meter höheren Nordturm hängt die Kaiserglocke, die als größte Gussstahlglocke der Welt gilt.
Nach einer wechselvollen Geschichte wurde die Kirche ab 1698 zugleich von Protestanten und Katholiken genutzt, die historische Trennmauer ist noch immer erhalten. In der Stiftskirche befindet sich neben anderen Gräbern die letzte Ruhestätte von Ruprecht I., dem Gründer der Universität Heidelberg (1386), eine der ältesten deutschen Universitäten.

82 Ursinushaus; in der Hauptstraße Neustadts steht das Wohnhaus des bedeutenden Reformators Zacharias Ursinus, der von 1534 bis 1583 lebte. Ursinus studierte in

Wittenberg, von wo aus die Reformation vorangetrieben wurde. Er lehrte unter anderem an der Heidelberger Universität. Nach dem Verlassen der derselben lehrte er am Casimirianum (in der Nähe der Stiftskirche gelegen), der ehemals kurfürstlichen Hochschule in Neustadt. Der wichtige »Heidelberger Katechismus« von 1563 entsprang hauptsächlich seiner Feder. Das Grab des Gelehrten befindet sich ebenfalls in der Stiftskirche.

83 Literarisches Forum Neustadt/Weinstraße e. V.; der Verein organisiert seit 20 Jahren Lesungen in Kooperation mit der Stadtbücherei. Mit im Vorstand ist unter anderen Guido Dieckmann, Autor zahlreicher historischer Romane und auch von Krimis. Weitere Kooperationspartner sind die Buchhandlung Quodlibet in der Kellereistraße, der Kulturverein Wespennest sowie die Stadt Neustadt. Das Programm mit vielen interessanten Veranstaltungen renommierter Autorinnen und Autoren und vielen Literaturschaffenden aus der Region ist hier zu finden: www.literarisches-forum.de

84 Die Altstadt Neustadts wird von hübschen Fachwerkhäusern geprägt. In der Mittelgasse und in der Hintergasse ist es besonders idyllisch. Die liebevoll restaurierten Häuser ergeben zusammen mit den mediterran anmutenden Pflanzen und der Ladenszenerie einen bezaubernden Gesamteindruck. Die Hintergasse ist eine ehemalige Handwerkergasse, in der auch die Gerber beheimatet waren.

EDELGARD IST IM BILDE

CLAUDIA SCHMID

Dahn

»Eeedelgard!«

Mein Göttergatte klingt empört und fordert mich mit einem Blick auf, ihm zuzustimmen.

Ich pflichte ihm bei. »So geht das aber nicht! Auf gar keinen Fall.«

Die Dame hinterm Tresen blickt auf ihren Bildschirm. »Ich habe hier keine Reservierung, die auf Ihren Namen lautet. Für heute ist überhaupt keine Ankunft vermerkt. Erst für morgen, aber auch da stehen zwei andere Paare.« Sie nimmt ihre Lesebrille ab und mustert uns eingehend.

»Aber wir haben doch gebucht! Ich war doch selbst im Reisebüro!« Norberts Wangen, die leicht auf seinem Hemdkragen aufliegen, haben sich bereits rot verfärbt.

Wir stehen hier am Empfang der Urlaubsvermittlung, wo wir den Schlüssel für unsere Ferienwohnung übernehmen sollen. Bislang habe ich immer die Buchungen übernommen. Wenn ich es ein einziges Mal meinem Mann überlasse, geht das prompt schief! Hätte ich mich doch bloß selbst darum gekümmert!

»Sag doch auch endlich was, Edelgard! Wo sollen wir denn jetzt hin?«

»Wo hast du denn die Buchungsbestätigung?«, frage ich ihn.

Norbert kramt in seinem hellen Breitcordsakko, dessen Nähte etwas überdehnt sind. »Hier!« Triumphierend reicht er der Frau ein Voucher.

»Dann ist ja alles klar.« Sie grinst vielsagend. »Da haben Sie sich um eine Woche vertan. Die Buchung ist ab nächsten Freitag.«

Norberts Doppelkinn zittert vor Erregung. »Das kann nicht sein!« Ein Blick auf die Stelle, wo nun ein Zeigefinger hinklopft, lässt ihn erneut meinen Namen auf eine für alle sich in der Nähe befindlichen Trommelfelle schmerzhafte Weise intonieren: »Eeedelgard!«

Meine Mutter verpasste mir diesen Vornamen vermutlich noch im Delirium des Geburtsschmerzes. Niemand in meiner Jahrgangsstufe hieß so altertümlich wie ich, in jeder Klassenstufe war ich die Einzige mit diesem Namen. Und ausgerechnet ich bin dann auch noch an Norbert kleben geblieben, dem Sitzenbleiber, der zu uns in die Klasse kam. Er war einen Kopf größer als die anderen. Ich habe keine Ahnung mehr, was mich damals in seine Hände trieb und weshalb ich mich nicht mehr daraus zu befreien vermochte. Bin ich jemals in ihn verliebt gewesen? Dies ist durch meine Erinnerungen getropft wie Wasser durch ein Sieb. Wenn ich ihn so betrachte, wie er aufgelöst neben mir steht, in seiner beigefarbenen Breitcordhose, in der er als Michelin-Männchen, das Werbung für Traktorreifen macht, auftreten könnte! Dazu trägt er wie üblich seine hellbraunen Schuhe mit dem Lochmuster, die bereits etwas brüchig sind. Zwischen den Schuhen und dem Saum der Hose lugen die groben selbst gestrickten Socken hervor, mit denen seine Mutter ihn zu Weihnachten zu beglücken pflegt. Wenigstens bleibe ich von diesen Geschenken verschont, denn mir überreicht sie jeweils mit wissendem Blick einen Gutschein für die Kosmetikerin. Dass der eingesetzte Betrag allerdings lediglich für ein Peeling meiner Wangengrübchen reicht, realisiert sie nicht.

Ich hatte mir fest vorgenommen, dass dies mein letzter Urlaub mit meinem Ehemann wird. Denn ich kann einfach nicht mehr länger. Ich ertrage ihn nun schon so lange, meine Geduld ist am Ende. Diesen Urlaub werde ich endgültig als Witwe beenden und die Rückreise mit dem Zug alleine antreten. Die Lebensversicherung, die Norbert kurz nach unserer Heirat zu meinen Gunsten abgeschlossen hat, wird mir das Alleinsein versüßen. Und wer sagt denn überhaupt, dass ich danach alleine bleiben werde? Ohne Norbert wird sich mein Leben wieder voll ungeahnter neuer Möglichkeiten vor mir aufblättern, wie ein Buch mit leeren Seiten, die ich mit schönen Erlebnissen aufzufüllen gedenke. Mit wunderschönen. Ohne ihn. Wir werden ein kleines Stück des Jakobsweges gemeinsam wandern. Ich finde, das ist ein schöner Ausklang unserer Ehe. Denn Dahn ist Teil des pfälzischen Jakobsweges, der die Nord- und die Südroute ab Speyer miteinander verbindet.

»Am Ende von Dahn, da ist was frei.« Die Dame schwenkt den Bildschirm herum, sodass wir darauf blicken können. »Schauen Sie, ein Wohnzimmer mit großzügiger Couchlandschaft, ein Schlafraum und eine Küche. Es ist leicht zu finden, denn im Erdgeschoss gibt es einen kleinen Laden, den der Besitzer eigens betreibt. Sie müssen sich in dieser Wohnung aber nicht selbst versorgen, schräg gegenüber ist ein Gasthaus, in dem pfälzische Spezialitäten serviert werden.«

Mein Mann hat »Essen« vernommen und ist sofort überzeugt. »Können wir umbuchen?«

»Bleiben Sie doch einfach zwei Wochen.« Die Frau hinterm Tresen lächelt verbindlich und bestellt uns ein Taxi.

Norbert steigt aus und geht auf das Haus zu. Das Bezahlen des Fahrers überlässt er mir. Der stellt unseren Koffer auf den Gehsteig.

»Das sieht doch gar nicht übel aus!«

»Norbert, nimmst du bitte unseren Koffer?«

»Der hat doch Rollen, Edelgard!«

Schon begibt er sich in den Laden. Kurz darauf kommt ein großer hagerer Mann mit langen Koteletten, wie Elvis sie vor meiner Jugendzeit trug, heraus. Er schüttelt meine Hand und greift nach dem Koffer. Immerhin scheint er, im Gegensatz zu meinem Mann, zu wissen, wie man einer Dame begegnet.

»Dengelmeier, angenehm. Die Frau Bader hat mich grad eben angerufen und mir gesagt, dass Sie kommen. Es ist die Erdgeschosswohnung, hinten raus, mit Blick in den Garten. Eine Terrasse ist auch dabei.«

Mit dem Koffer in der Hand geht er voraus und schließt an der Seite des Hauses eine Tür auf. Galant will er mir den Vortritt lassen, doch Norbert drängelt sich vorbei.

»Die Küche ist mit allem ausgestattet! Fantastisch! Edelgard, hier kannst du prima kochen.«

Ich ignoriere meinen Mann und begutachte das Wohnzimmer. Die Couchlandschaft sieht wirklich gemütlich aus, genauso, wie es die Dame in dem Büro eben gesagt hat. Ich öffne die Tür zur großen Terrasse.

»Jetzt kommen Sie erst mal in Ruhe an, heute Abend bringe ich Ihnen eine Flasche Pfälzer Wein. Die trinken wir miteinander und stoßen auf Ihren Urlaub an.«

Mit einem Lächeln verabschiedet sich der schlaksige Vermieter. Er wiegt höchstens halb so viel wie mein Ehemann, überschlage ich in Gedanken.

Nachdem ich den Inhalt unseres Koffers im Schrank verstaut habe und wir in dem Gasthaus gegenüber die ersten pfälzischen Spezialitäten dieses Urlaubs genossen haben, klingelt es auch schon.

»So, hier bin ich mit dem Wein.«

Herrn Dengelmeiers Gesicht ist von vielen kleinen Falten durchzogen. Die eindrucksvollen Koteletten sind wie das erstaunlich dichte Haupthaar, das er schulterlang trägt, von dicken Silberfäden durchzogen. »Gläser sind im Küchenschrank, könnten Sie vielleicht so nett sein und uns welche bringen?«

Charmant ist er auch noch.

»Was verkaufen Sie denn da so, in Ihrem Laden?« Norbert sitzt bereits auf der Terrasse.

»Alles Mögliche. Das, was gefragt ist. Hauptsächlich betreibe ich aber einen Onlinehandel. Der Laden ist so was wie mein Lager.«

»Und womit handeln Sie?«

»Ich komme ja ursprünglich aus München, wissen Sie. Aus einer alteingesessenen bayerischen Familie. Wir haben immer schon mit Gemälden gehandelt.«

»Mit Gemälden«, Norbert gibt das Echo.

»Wir sind spezialisiert auf Dachbodenfunde.«

Norberts Interesse steigt rapide.

Herr Dengelmeier beugt sich leicht nach vorne und fixiert ihn. »Da sind manchmal kleine Schätze dabei. Die Besitzer wissen oftmals gar nicht, was sie da Wertvolles bei Haushaltsauflösungen im Besitz ihrer Angehörigen finden. Da kann man gut das eine oder andere Schnäppchen machen.«

»Schnäppchen machen«, Norberts Aufmerksamkeit ist nun kaum mehr zu überbieten. Mein Mann hat ein Faible für Geschäfte, bei denen er eine gute Rendite einfährt.

Herr Dengelmeier zieht eine Packung filterloser Zigaretten aus seinem Sakko. »Sie gestatten?«

Am liebsten würde ich jetzt verneinen, denn ich kann Zigarettenqualm nicht ausstehen. Aber ich will dem netten Herrn gegenüber nicht unhöflich sein, und so nicke ich. Wer weiß, vielleicht bietet er uns noch ein lukratives Geschäft an?

Unser Gastgeber schickt gelassen Rauchkringel in die Pfälzer Abendluft. »Übermorgen erhalte ich einen Nachlass aus einer oberbayerischen Kleinstadt. Sie können als Erste prüfen, ob etwas für Sie dabei ist.«

*

Um zum eigentlichen Zweck unserer Reise zu gelangen, fehlen meinem Angetrauten Wanderschuhe. Er soll sich ja in seinen letzten Tagen nicht noch Blasen erlaufen!

»Eeedelgard!« Norbert stört sich keineswegs daran, die Blicke sämtlicher Leute in dem Schuhgeschäft auf uns gezogen zu haben. Er nimmt sie nämlich gar nicht wahr.

»Edelgard, du planst doch nicht etwa, bis zu diesem Compostela zu Fuß zu laufen?« Er sitzt auf einem Hocker. Seine braunen Schuhe mit dem Lochmuster, die er jahraus, jahrein trägt, hat er abgestreift. Seine Füße stecken in den waldmeisterfarbenen selbst gestrickten Socken seiner Mutter. Seinen rechten großen Zeh ziert ein Loch, das er noch nicht einmal zu verbergen versucht. Mit klagendem Ton fährt Norbert fort: »Warum brauche ich denn überhaupt neue Schuhe, meine alten sind doch wie neu? Außerdem sind sie richtig gut eingelaufen!«

»Papperlapp«, ich zeige auf seine alten, »du läufst dir mit diesen Sohlen Blasen.«

Eine Dame eilt geflissentlich zu uns. »Kann ich Ihnen helfen?«

»Mein Mann braucht etwas Solides. Schuhe, in denen er gut laufen kann.« In Gedanken füge ich hinzu: Ohne, dass er schon nach einem halben Meter zu jammern und zu stöhnen anfängt.

»Verstehe.« Sie wechselt einen vielsagenden Blick mit mir. »Welche Größe denn?«

Nachdem Norbert ihr diese widerstrebend anvertraut hat, verschwindet sie zwischen den Regalen.

Ich stoße einen Seufzer aus. Wir befinden uns im Dahner Felsenland 85. Kann ja sein, dass da mal jemand herunterfällt, von so einem Felsen. Warum nicht Norbert? Ich muss ihn lediglich dazu bringen, auf eine der Erhöhungen hinaufzusteigen. Für einen kleinen Fehltritt werde ich dann schon sorgen.

Schon quengelt er weiter. »Ich brauche gar keine neuen Schuhe. Das bildest du dir nur ein! Außerdem war es deine Idee, ein Stück des Jakobsweges zu wandern. Du weißt doch ganz genau, dass ich Genussreisen bevorzuge, bei denen wir gemütlich einkehren.«

»Eine Wanderung von 20 Kilometern von Dahn nach Bad Bergzabern«, platze ich heraus. »Wir laufen über Busenberg 86.«

»Laufen? Davon war keine Rede.« Seine Stimme hat plötzlich einen panischen Unterton. Auf seiner Stirn bilden sich rasch kleine Schweißperlen.

Spätestens jetzt haben wir die ungeteilte Aufmerksamkeit sämtlicher Kunden des Ladens. Zu allem Überfluss leuchtet Norberts nackter rechter Zeh wie eine LED-Lampe aus dem grünen Strumpf heraus. Ich ziehe eines seiner überdimensionierten Stofftaschentücher, die er aus dem Nachlass seines Vaters besitzt, aus seiner Jackentasche. Liebevoll tupfe ich ihm die Stirn ab. Schließlich sollen die Zeugen des Auftritts der Polizei bei einer späteren Vernehmung ins Protokoll diktieren, ich habe meinen Mann abgöttisch geliebt. »Laufen, Schatz, das sagt man doch nur so, in der Umgangssprache. Ich meine natürlich gehen.« Honigsüß lächle ich ihn an.

»Aber trotzdem. Edelgard, ich würde viel lieber jeden Abend was Gutes in schöner Umgebung essen.«

»Aber Norbert, das machen wir ja auch. Schau doch mal, wir teilen die Strecke in drei Etappen auf. Jeden Tag laufen, ähm, gehen wir nur etwa sieben Kilometer. Unser Gepäck lassen wir transportieren und jeden Abend genießen wir pfälzische Spezialitäten. Du freust dich doch so auf den Saumagen.«

Die Verkäuferin kommt zurück und bugsiert uns freundlich aus dem Blickfeld der anderen Kunden. In der Ecke, die sie uns zuweist, steht jedoch nur ein Stuhl.

Er hätte auch mir den Vortritt lassen und die Verkäuferin höflich nach einem zweiten fragen können, aber mit einem kleinen Satz, den man ihm gar nicht zutrauen würde, hat Norbert die Sitzgelegenheit vor mir erreicht. Seine Manieren lassen, wie üblich, mehr als zu wünschen übrig.

»Ich würde mich eigentlich auch gerne setzen!«

»Sie haben doch hier sicherlich einen weiteren Stuhl, nicht wahr?«, sagt er nun allerdings wenig kavaliersmäßig zur Verkäuferin.

Die Dame lässt den Stapel Kartons, den sie mit beiden Händen trägt, vorsichtig zu Boden gleiten. »Selbstverständlich.«

Nachdem auch ich auf dem von ihr herbeigetragenen Hocker Platz genommen habe, präsentiert sie Norbert das erste Paar Wanderschuhe.

»Darin schweben Sie beinahe. Die sind so leicht am Fuß, dass sie das Gefühl haben, barfuß zu laufen.« Mit einem gewinnenden Lächeln bringt sie ihn dazu, hineinzuschlüpfen.

»Perfekt!«, kräht mein Mann, in der Hoffnung, den Schuhkauf damit rasch zum Abschluss zu bringen.

Um mich davon zu überzeugen, dass die neuen Schuhe auch wirklich passen, lässt er sie gleich an. Ich darf die Tüte mit seinen alten tragen.

»Schau mal, Norbert, da vorne«, ich zeige auf ein Schild. »Da geht's zum Jungfernsprung **87** . Nur ein paar Hundert Meter. Schaffst du das?«

Norbert schnauft verächtlich: »Ich bin in der Blüte meiner Jahre!« und schreitet voraus.

Wir zweigen von der Pirmasenser Straße ab. Auf einem Schild am Fuße des senkrecht in die Höhe ragenden Felsens bietet ein Schild zwei Alternativen an: »Rentnerpfad« und »Jungfernsprung«. Norbert schnaubt und zeigt auf Ersteres: »Was meinen die damit? Komm, das ist nichts für uns.« Er geht nach links.

Ein hübscher Waldweg, breit genug, um neben meinem korpulenten Gatten zu wandeln, führt auf dieser Seite des Berges, wo er nicht steil in den Himmel ragt, nach oben. Plötzlich überholt uns ein älterer Herr. »Geht's denn noch?« Die Stimme des Mannes klingt sehr mitfühlend.

Norbert öffnet schon seinen Mund, als ich den kleinen Dackel sehe, der sein Herrchen hechelnd begleitet. »Guck mal, wie niedlich!«

Erfreut nimmt der Fremde den Faden auf. »Aber er ist schon alt, wissen Sie. Er kann nicht mehr so, wie er will.«

Ich schenke meinem Gatten einen langen Blick. Auch er kann so einiges nicht mehr, wie er will.

Auf der ersten Aussichtsplattform, auf die wir zur linken Seite über ein paar gemauerte Treppenstufen gelangen, steht sogar eine Bank, auf der Norbert nun schwer schnaufend Platz nimmt. Ein Zaun sichert den Rand ab. Sieht der Draht nicht schon etwas rostig aus? Ich berühre ihn prüfend mit den Fingerspitzen.

»Der ist stabil«, meint der Mann mit dem Dackel, der mich beobachtet. Also, irgendwie beobachten mich beide. Der Mann und der Dackel. Der Mann hat sich wie selbstverständlich neben Norbert gesetzt, sodass für mich dort kein Platz mehr ist. Der Dackel legt sich zu seinen Füßen, woraufhin sein Herrchen aus seinem Rucksack einen Napf und eine Flasche Wasser holt.

Will der sich hier etwa häuslich niederlassen? Der Zaun ist nur ungefähr einen Meter hoch, da kann ein ausgewachsener Mann schon mal drüberkippen, wenn er das Gleichgewicht verliert. Man könnte ja etwas nachhelfen, damit das mit dem Kippen nicht schiefgeht. Ich schaue nach unten. Es geht fast senkrecht in die Tiefe. Der Platz scheint mir gut gewählt zu sein.

»Wollen Sie noch nach oben weiter, zum Gipfelkreuz?« Der Herr mustert uns fragend. »Von dort haben Sie die beste Aussicht auf Dahn und die Umgebung. Sie können da auch über den Grat zurücklaufen. Sie sollten aber keine Höhenangst haben.«

Norbert wirkt blass.

Ich fühle Empörung in mir aufsteigen. Will uns dieser Fremde etwa ausreden, bis zum Gipfel zu laufen? In meine Pläne würde es wunderbar passen, auch noch zum oberen Aussichtspunkt zu gehen. Nur mühsam halte ich mich zurück, dem meine Meinung zu sagen.

»Edelgard, wir gehen auf demselben Weg, den wir hoch sind, wieder zurück. Ich spüre meinen Magen.« Norbert streift sich sanft über seinen Bauch. »Und überhaupt«, er blickt zu dem schlabbernden Dackel, »haben wir auch gar nichts zu trinken dabei.«

Es hilft nichts, der Fremde macht ohnehin keinerlei Anstalten, sich so bald von dieser Bank wegzubewegen und damit als möglicher Zeuge von Norberts Sturz auszuscheiden. Und mein Mann will sofort wieder nach unten. Seufzend füge ich mich also und verlasse missmutig diesen Ort.

Beim Hinuntergehen suchen meine Blicke nach einer anderen günstigen Gelegenheit, um Norbert in die Tiefe zu schubsen. Aber auf dem leichten Hang, der neben dem Weg abfällt, wurzeln viele Bäume. Norbert würde sich im Sturz an einem von ihnen festhalten und trüge lediglich ein paar leichte Schrammen davon. Darauf, dass er sich dabei Wundstarrkrampf zuziehen könnte, ist kaum zu spekulieren. Seine Mutter überprüft regelmäßig seinen Impfpass, sodass seine Tetanusimpfung bestimmt aufgefrischt ist. Ich sollte ihn in den nächsten Tagen unbedingt dazu bringen, auf eine der vielen Burgen **88** in der Gegend zu gehen!

Der Weg zu unserer Ferienwohnung führt uns nach einem Gebäude, an dem ein Schild mit der Aufschrift »Ehemals Königlich Bayerisches Amtsgericht« hängt, an der Buchhandlung Seitenreich **89** vorbei, wo ich innehalte und einen Roman erwerbe. Ein paar Schritte weiter verschwindet Norbert in einer Eisdiele. Als er heraustritt, fällt sein Blick auf die Bank vor dem Denkmal **90** für die gefallenen Soldaten und er nimmt Platz, um dort sein Eis zu schlecken.

Ich gehe bereits weiter und entdecke, dass im Alten Rathaus ein Kunstverein **91** untergebracht ist. Fährt man die Schulstraße weiter, kommt man ins nahe Elsass **92** .

✳

Die Unterschrift ist nicht leicht zu entziffern, trotzdem bin ich mir sicher, dass da »Dali« steht, mit einem »S« davor. Das Bild ist von Salvador Dali! Das erkenne ich auf Anhieb. Und mit der Signatur eindeutig echt. Ich schlucke. 3.000 Euro für einen echten Dali! Was für ein Glücksfall! Gemeinsam mit der Lebensversicherung, die ich nach Norberts Ableben erhalten werde, ergibt die Differenz zum echten Wert eine schöne Summe.

»Die Großmutter des Besitzers ist kürzlich verstorben, und er hat jetzt ihren Nachlass geordnet. Der Herr ist beruflich eingespannt und kennt sich mit Kunst nicht aus, das kann jetzt Ihr Glück sein. Jemand hat ihm meine Adresse empfohlen, und deshalb hat er mich damit beauftragt, die Lithografie für ihn zu verkaufen.«

»Dieses Bild«, ich versuche, meine Aufregung zu verbergen, um den Preis nicht in die Höhe zu treiben, »wo stammt das her?« Ich erkenne auf Anhieb, dass es sich hierbei um keine Lithografie handelt, sondern um ein Original.

»Dazu gibt es eine witzige Geschichte, die er mir am Telefon erzählt hat, die ist wirklich originell. Als seine Großmutter sehr jung war, ist sie kreuz und quer durch Europa gereist. In Spanien lernte sie einen Maler kennen, der sie in seinem Auto ein Stück mitgenommen hat und mit dem sie ins Gespräch gekommen ist. Sie hat dann ihren Urlaub bei ihm und seiner Frau verbracht, und am Ende, als er sie zum Zug brachte, hat er ihr zur Erinnerung noch dieses Bild in die Hand gedrückt. Sie müssen wissen«, er zwinkerte, »die Großmutter des Besitzers war sehr hübsch. Ich vermute, der Maler ist ein wenig ihrem Charme erlegen.« Herr Dengelmeier lacht und klopft schon wieder eine seiner Zigaretten aus der Schachtel.

Das will ich jetzt gar nicht näher erläutert haben. Ich lächle meinem Mann aufmunternd zu. »Nicht wahr, Norbert, das Bild passt hervorragend in unsere Sammlung.«

»Sie sind Sammler?« Herr Dengelmeier steckt die Zigarette in Brand. »Das habe ich mir gleich gedacht. Sie interessieren sich für schöne Dinge, das sieht man Ihnen an.«

Norbert reckt sich zur vollen Größe auf. »Wir nennen ein paar ansehnliche Blätter unser eigen. Hin und wieder ersteigern wir etwas in einem Auktionshaus.« Norbert mimt den Kunstexperten, obwohl ich es doch bin, welche unsere Bilder erworben hat. Mit dem Geld, das mir meine Großmutter hinterlassen hat, habe ich ein paar Werke erstanden, die unser Heim verschönern, auch wenn Norbert ursprünglich mehr auf waidmännische Stillleben stand. Als er mich zum ersten Mal zu sich nach Hause einlud, schmückte ein röhrender Hirsch den Platz über seinem Sofa. Von dem Ölbild über seinem Bett schweige ich an dieser Stelle lieber diskret.

»Sie müssen sich nicht sofort entscheiden. Ich reserviere Ihnen das Bild bis übermorgen.«

*

Wir verschieben unsere Wanderung auf nächste Woche. Aufgehoben ist nicht aufgeschoben, nicht wahr, Norbert?, denke ich bei mir. Denn ich bin nach wie vor fest entschlossen, mich seiner bei der Wanderung zu entledigen. Vorher kaufen wir noch diesen Dali. So eine günstige Gelegenheit, ein Original zu erwerben, darf man nicht ungenutzt verstreichen lassen! Herr Dengelmeier ist wirklich naiv. Das Blatt ist ein Vielfaches des Kaufpreises wert! Und nach Norberts Abgang wird es mir ganz alleine gehören.

Am Vorabend, bevor wir das Geschäft mit ihm abschließen, suchen wir in der Ortsmitte von Dahn ein Restaurant auf. Während Norbert sich bereits mit Hingabe seinem pfälzischen Erlebnisteller widmet, nehmen am Nebentisch ebenfalls Gäste Platz. Ich bin beinahe schon satt, wenn ich nur auf Norberts Teller blicke. Das darauf Liegende hätte, übersichtlich angeordnet, gut und gerne auf drei Teller gepasst. Sein Gericht umfasst neben einer Scheibe von einem Saumagen **93** einen Leberknödel und eine Bratwurst. Als ob das noch nicht genug wäre, liegt das Ganze auf seinen Wunsch hin auch noch auf Sauerkraut drapiert. Norbert wischt sich mit dem Handrücken über sein Kinn, wo ein Faden dünnes Kraut neben einem Tropfen Fett hängt. »Edelgard, weißt du, Essen ist doch das Schönste im Leben.«

Ich weiß, mein Lieber, zumindest für dich, und deshalb darfst du hier auch noch einmal so richtig schlemmen. Du sollst deine letzten Tage möglichst genussvoll verbringen. Immerhin hast du mich in deiner Lebensversicherung als Begünstigte eingesetzt, das weiß ich zu würdigen.

»Könnt ihr euch noch erinnern, wo wir letztes Jahr hier übernachtet haben?« Die Frau am Nebentisch spricht aber auch wirklich laut. »Diese Wohnung, hinter dem Laden?«

Der Herr neben ihr fällt in ihr Lachen ein. »Ach ja! Der mit seinen Bildern, gell!«

»Ja, genau. Wie der versucht hat, uns ein Gemälde aufzuschwatzen. Angeblich aus einem Nachlass. Wer sollte denn auf so was hereinfallen?«

»Nee, da muss der sich schon jemand anderen suchen! Mit uns läuft so etwas nicht. Richtig sauer war der, als wir nicht angebissen haben und nichts kauften. Wo das doch angeblich so ein Glücksfall war, dass er gerade erst einen Nachlass zum Verkauf bekommen hatte.«

»Der hat doch bestimmt irgendwo einen Fälscher sitzen, der ihn mit seinen Bildern versorgt. Oder malt die gar selbst!« Sie lacht noch lauter. »Würde mich nicht wundern, so, wie der aussieht. Ein bisschen was hat er ja schon von einem verhinderten Künstler.«

Ich verschlucke mich beinahe an einem Salatblatt. Norbert, der wie abwesend auf einem besonders großen Bissen seiner Scheibe Saumagen herumkaut, klopft mir auf den Rücken. »Was ist denn los mit dir, Edelgard?«

Auch die laute Frau vom Nebentisch wird wegen meines Hustenanfalls auf mich aufmerksam. Sie steht auf und fordert mich auf: »Sie müssen was trinken!«, und zeigt auf mein Glas.

Nach diesem Vorfall verzichte ich auf den Nachtisch und Norbert verzehrt seinen Pfälzer Apfeltraum alleine. Er sieht so zufrieden aus wie ein Baby nach dem Mittagsschlaf.

Mir geht das Gespräch vom Nebentisch nicht aus dem Kopf. Ich fasse einen Entschluss.

*

Der Wecker auf meinem Nachttischchen zeigt noch nicht 5 Uhr an, als ich mich vorsichtig vom Bett erhebe. Ganz leise, um Norbert nicht zu wecken, schlüpfe ich in meine Kleider. Ich liege ohnehin schon seit einer Weile wach, denn der Inhalt des Gespräches, das ich gestern Abend mitbekommen habe, will mir nicht aus dem Kopf gehen. Ob etwas dran ist an dem Verdacht, den die Leute am Nebentisch äußerten? Leise schleiche ich mich über eine Tür im Flur ins Treppenhaus nach oben, vorbei an der Wohnung unseres Gastgebers. Die Treppe führt noch eine Etage weiter hoch ins Dachgeschoss des Hauses. Oben angekommen, stehe ich vor einer hölzernen Tür mit einer Milchglasscheibe. Vorsichtig drücke ich auf die Klinke und stelle mit Überraschung fest, dass sie nachgibt. Was ich in dem dahinterliegenden Raum erblicke, verschlägt mir beinahe den Atem. Auf einer Staffelei lehnt ein begonnenes Bild, es zeigt eine Uhr, die aussieht, als wäre sie in der Sonne zerlaufen. In der Dachschräge lehnen unbemalte Keilrahmen neben bereits fertigen Bildern. Es riecht nach Farben und Terpentin. Während ich mich umsehe, höre ich von hinten eine Stimme.

»Ja, da schau her! Auch schon auf?«

Ich wirbele herum. Vor mir steht Herr Dengelmeier, der nun gar nicht mehr charmant aussieht.

»Spielen Sie hier Miss Marple, oder was?«

Fieberhaft suche ich nach einer Ausrede, aber auf die Schnelle fällt mir keine passende ein.

»Sie wissen schon, wie man das nennt, wenn man einen

Einbrecher ertappt, der einen angreift, und man sich verteidigen muss, gell?«

Plötzlich hat er eine große Zange in der Hand. Bedrohlich schwenkt er sie über seinem Kopf. »Notwehr ist das nämlich, gell!«

Mir wird schlecht. Aus dem Augenwinkel heraus sehe ich einen beleibten Mann im Schlafanzug hinter Herrn Dengelmeier auftauchen.

»Sofort fallen lassen! Polizei!« Der Mann rammt Herrn Dengelmeier einen Gegenstand in den Rücken. Der lässt die Zange los, die polternd zu Boden fällt.

Flugs werden ihm die Arme auf den Rücken gedreht und die Hände gefesselt.

»Eeedelgard! Nun hilf mir doch endlich!«

Jetzt erst erkenne ich, dass der Mann im Schlafanzug Norbert ist! Ich gebe der Zange einen Stoß, sie rutscht in die Ecke.

Norbert fischt sein Handy aus der Schlafanzughose und tippt die 110 ein. »Das habe ich zur Vorsicht eingesteckt, als du vorhin hinausgeschlichen bist. Als ich die Tür zum Treppenhaus klappen hörte, bin ich dir nach. Du weißt doch, mein Schlaf ist so leicht … Ja? Hallo! Kommen Sie bitte rasch!« Er gibt die Adresse durch.

Ach, Norbert, mein Held. Was wird nun aus meinen Plänen, den Urlaub ohne meinen Mann zu beenden? Die können warten. Mindestens bis auf den nächsten Urlaub. Jetzt wandern wir erst mal gemeinsam auf dem Pfälzer Jakobsweg.

85 Dahner Felsenland; gleich Kunstwerken ragen in der Gegend um Dahn Sandsteingebilde in die Höhe. Manche Felsen sehen aus wie Fingerzeige, auf etlichen der größeren stehen Burgen oder Ruinen. Die Natur hat hier durch Erosion ein Meisterwerk geschaffen, das teilweise bizarre Formationen annimmt und immer wieder aufs Neue staunen lässt. Die beiden Routen des Pfälzer Jakobsweges, die in Speyer beginnen und in Hornbach wieder zusammenlaufen, führen über Dahn nach Frankreich.

86 Busenberg; rund um Busenberg herum führt der Holzschuhpfad. Der Wanderpfad, der vorbei an grandiosen Felsformationen durch den »Naturpark Pfälzerwald« führt, erinnert an die Holzschuhe, welche in Busenberg lange gefertigt und von der einfachen Bevölkerung in früheren Zeiten getragen wurden. Die Waren wurden direkt an der Haustür von den wandernden Händlern feilgeboten. Die Wanderroute hat mehrere Einstiegsmöglichkeiten und kann auch in Etappen zurückgelegt werden. Die Route bietet einiges an Sehenswürdigkeiten, wie die Gertrudiskapelle im Tal nach Erlenbach, die am Jakobsweg liegt. www.busenberg.de

87 Jungfernsprung; der senkrecht aufragende Felsen mit dem Namen »Jungfernsprung« ist das Wahrzeichen von Dahn. Der Legende nach hat sich eine Jungfer vor einem nahenden Unhold mit einem kühnen Sprung gerettet und diesen unbeschadet überstanden. Heute schützt ein Zaun vor unüberlegten Schritten. Es sind übrigens keine Kletterkünste vonnöten, um nach oben zum Gipfelkreuz zu gelangen, denn der Fels kann seitwärts auf einem Waldweg erklommen werden, der zum markanten Abschluss des Berges führt. Rings um den Berg schmiegen sich die Wohngebiete von Dahn.

88 Burgen; kaum sonst wo in Deutschland ist die »Burgendichte« so hoch wie in Rheinland-Pfalz. Einige der Bauwerke sind noch ganz gut erhalten, wie etwa die Burg Berwartstein bei Erlenbach, von anderen zeugen noch Ruinen. In Verbindung mit den Felsen, auf denen sie stehen, bilden sie besondere Sehenswürdigkeiten. Auf einem Felsrücken gibt es sogar drei Burgen, sie bilden das Burgenmassiv »Altdahn-Grafendahn-Tanstein«. Es macht besonders viel Spaß, mit Kindern die Burgen zu besichtigen und ihnen anhand der Bauwerke Geschichte erlebbar zu machen.

89 Seitenreich; die gut sortierte Buchhandlung führt neben Büchern auch Spiele und Geschenkartikel im Sortiment. Sie liegt direkt an der Pirmasenserstraße in Dahn. Inhaberin Renate Ludwig berät freundlich und kompetent. www.seitenreich.info

90 Marktplatz; an zentraler Stelle im Ort erinnert ein Denkmal an die Gefallenen der Jahre 1914–1918. Direkt daneben befindet sich ein Brunnen, vor dem eine Bank zum beschaulichen Sitzen einlädt. Rechterhand steht ein beachtenswertes, besonders schönes Fachwerkhaus. Insgesamt sind noch mehrere gut erhaltene Fachwerkhäuser vorhanden und prägen das Stadtbild.

91 Altes Rathaus; das schöne Alte Rathaus mit seinen grünen Fensterläden liegt an der Schulstraße, direkt neben der katholischen Kirche St. Laurentius. In dem denkmalgeschützten Haus, hinter dem sich ein schattiger Ruheplatz befindet, hat der Kunstverein Dahn eine Heimat gefunden. Es werden Ausstellungen mit Werken zeitgenössischer Künstler und Künstlerinnen aus der Region durchgeführt sowie thematische Gruppenausstellungen mit Künstlern aus ganz Deutschland und teilweise auch dem europäischen Ausland präsentiert. www.kunstverein-dahn.de

92 Wissembourg (Weißenburg); nur etwa 20 Kilometer von Dahn entfernt liegt die elsässische Stadt Wissembourg. Die Stadt mit ihrem historischen Kern ist zauberhaft. Viele Fachwerkhäuser tragen zum Stadtbild bei, gemeinsam mit der Kirche St. Peter und Paul. In der evangelischen Kirche St. Johann wirkte der bekannte Reformator Martin Bucer ein halbes Jahr, bevor er nach Straßburg ging. Sein Medaillon ist in einer der Seitenkapellen zu finden.

Zahlreiche kleine Lädchen offerieren einen angenehmen Bummel durch Wissembourg. In den vielen Gasthäusern werden elsässische Spezialitäten angeboten, viele verfügen, wie auch die Cafés, über Außensitzplätze. Wer mag, kann die Spezialitäten zusätzlich in Geschäften erwerben und zu Hause genießen. Die Autorin empfiehlt besonders französischen Käse! Mitten durch die Stadt fließt die Lauter und spendet Kühle an Sommertagsausflügen. Längs des Quai 24 Novembre schmücken Rosenbogen das Ufer. Hier stehen einige Bänke, auf denen sich das historische Panorama und das südländische Flair genießen lassen.

93 Pfälzer Saumagen; die bekannteste Pfälzer Delikatesse ist wohl der Pfälzer Saumagen. Ein in Rheinland-Pfalz beheimateter Bundeskanzler hatte ihn sogar internationalen Staatsgästen als Spezialität zugänglich gemacht. Traditionellerweise wird das Gericht in der namensstiftenden Zutat zubereitet, die Füllung besteht aus Fleisch und Kartoffeln. Man kann ihn mit Kastanien verfeinern. Die Käschde, wie sie im Pfälzischen heißen, gedeihen besonders gut ums pfälzische Schloss Edenkoben herum.

FREIHEIT, GLEICHHEIT, BRÜDERLICHKEIT

FENNA WILLIAMS

auf der Via Scandinavica

»Wie weit ist es noch bis Göttingen? Mir tun die Füße weh und mir ist kalt«, maulte Jörg.

»Falsch«, korrigierte Martin und in seine Stimme mischte sich ein bitterer Ton. »Bei dir muss es heißen: Ich *bin* kalt.«

»Was soll das jetzt bedeuten?« Jörg blieb wie angewurzelt stehen. »Seit wir in Hannover losgelaufen sind, gibst du ständig Sätze von dir, die entweder wie Beleidigungen oder wie Anschuldigungen klingen.« Er rannte hinter Martin her, der, ohne sich nach ihm oder dem Rest der Gruppe umzusehen, in den Wald hineingegangen war, und packte ihn am Arm. »He, bleib stehen! Ich rede mit dir. Sag endlich, was dich an uns stört.«

Martin bedachte Jörg mit einem abschätzigen Blick, hielt aber tatsächlich an. »Könnte es sein, dass du im Laufe der letzten 25 Jahre ein wenig *mädchenhaft* geworden bist?« Er wartete, bis auch die anderen drei Wanderer zu ihnen aufgeschlossen hatten, und fuhr dann fort: »Ich kann mich gar nicht erinnern, dass ihr vier damals schon so empfindlich gewesen seid. Hinterhältig, auf den eigenen Vorteil bedacht und zu jedem Betrug an der Freundschaft bereit, das ja, aber eins weiß ich genau: *Mädchenhaft* habt ihr euch beim Austeilen nicht angestellt.«

Jörgs Gesicht lief bei diesen Worten dunkelrot an, ob aus Wut oder aus Scham, war nicht auszumachen. Martin betrachtete sein Gegenüber gelassen wie ein Profiler und drückte dann den nächsten Knopf auf der Seele seines Kontrahenten. »Oder bist du heute authentischer als vor 25 Jahren? Darf man dir heute glauben, was du sagst?«

Jörg konnte keine weiteren Provokationen ertragen. Er explodierte. Mit den Worten »Halt endlich die Klappe!« wollte er sich auf Martin stürzen, wurde aber von Thomas zurückgehalten. Der legte die Hände fest auf Jörgs Schultern, als würde er die menschliche Rakete künstlich am Boden halten wollen, und sagte dann: »Wir befinden uns auf der Via Scandinavica, einem der Hauptwege nach Santiago de Compostela, den sollten wir doch bis Göttingen in Eintracht bewältigen können, oder?« Er stellte sich neben Jörg, ließ dabei aber seinen rechten Arm weiter beschwichtigend auf der Schulter des Freundes ruhen. »Wir haben uns alle eine halbe Ewigkeit nicht gesehen, da verändert man sich. Zwangsläufig. Gerade deshalb sollten wir versuchen, unsere Vergangenheit nicht zu wichtig zu nehmen, sondern uns und die Gegenwart feiern. Allein, dass wir alle fünf noch leben, gibt dazu mehr Anlass als Ressentiments aus unserer Studienzeit.«

Bei seinen letzten Worten war Martin blass geworden; seine Hand umklammerte den eisernen Knauf seines Pilgerstabs so fest, dass seine Knöchel weiß wurden, aber er antwortete nicht.

Alexander der Große, so genannt, weil er mit seinen zwei Metern die anderen schon in ihrer Jugend überragt hatte, stellte sich demonstrativ zwischen die beiden Kontrahenten. »Dies ist Tag fünf unserer Wanderung nach Göttingen und weiter bis Kirchgandern und Arenshausen. Es sollte möglich sein, sich bis dahin wie zivilisierte Menschen zu benehmen. Pilgern heißt, zu sich selbst finden, gelassener werden und …«

»Genau dabei wollte ich Jörg durch meine Worte behilflich sein«, unterbrach Martin ihn. »Dabei, sich selbst zu finden und endlich den Weg der Läuterung zu gehen. Nötig hätt' er's.«

Jörg stampfte als Kommentar mit dem Fuß auf, aber sein wütender Tritt wurde auf dem Waldboden abgefedert und verfehlte seine Wirkung. Bei seinen nächsten Worten hatte er seine Stimme vor Zorn kaum noch unter Kontrolle: »Rück endlich raus mit der Sprache: Was bezweckst du mit deinen ewigen Andeutungen?«

»Nichts anderes, als ich gesagt habe.« Martin zeigte auf Thomas: »Manche sind zum Anführer geboren, so wie du, Thomas, manche machen sich selbst dazu, wie Jörg. Ohne Rücksicht auf Verluste zwingen sie andere, ihnen entweder aus dem Weg zu gehen oder Gefahr zu laufen, zerstört zu werden.« Er sprach ruhig und es schien fast, als hätte er die Sätze schon Hunderte Male gesagt, aber nicht um aufzuwiegeln, sondern als wären sie ein Mantra gewesen, das für kommende Taten stählen sollte.

Kai-Uwe, der Fünfte im Bunde, klatschte demonstrativ Beifall: »Bravo, Martin! Das ist fast reif für den Zitatenschatz eines esoterischen Kalenders.«

Wenn er geglaubt hatte, Martin so aus der Reserve zu locken, sah er sich getäuscht. Der lächelte traurig, drehte sich um und ging weiter durch den Wald, als wäre er nicht mit einer Gruppe, sondern völlig allein unterwegs. Da er ihnen jetzt den Rücken zuwandte, wagte Jörg eine Wischbewegung vor der Stirn, um anzudeuten, wie er Martins Verhalten interpretierte, aber die anderen reagierten nicht. Ein Unwohlsein hatte alle erfasst, das sie für die nächsten Kilometer schweigend weitergehen ließ. Jeder hing seinen Gedanken der guten alten Studienzeit nach, die aber vor allem für Martin nicht immer gut gewesen war. Mehr als einmal hatten sich Pärchen gebildet, sich einer gegen den anderen verschworen. Fast immer gegen Martin.

*

Lag es nicht in der menschlichen Natur, auch über den anderen zu reden, statt mit ihm?, dachte Thomas und erinnerte sich an Vorkommnisse, bei denen der jetzt so souveräne Freund den Kürzeren gezogen hatte. Martin hatte eigentlich immer nachgegeben. Vor allem, weil er seine Freundschaft zu Jörg nicht aufs Spiel setzen wollte. Seltsam, dass ausgerechnet er nach dem Examen Göttingen als Erster verlassen hatte, um in San Francisco Fuß zu fassen. Eigentlich logisch, dass bei der Entfernung zwischen ihnen keine Verbindung gehalten wurde. Nicht mal Jörg und Martin hatten Kontakt gehabt.

*

Keiner der fünf hatte mehr Blick für die Landschaft. Wenn Martin ihnen den Spaß an der heutigen Etappe hatte verderben wollen, so war es ihm gelungen. Niemand sah das frische Grün der Bäume, hörte Vögel singen oder genoss die gute Luft. Jeder war nur noch darauf bedacht, Göttingen so schnell wie möglich zu erreichen, als sei die Stadt, in der sie zusammen ihr Examen abgelegt hatten, ein rettender Fluchtpunkt.

*

Worauf will Martin hinaus?, grübelte Alexander. Er war doch früher nicht so aggressiv. Im Gegenteil. Er akzeptierte die Mehrheitsmeinung stets ohne Murren, schlichtete jeden Streit, steckte des lieben Friedens willen einiges weg. Wenn ich nur an unsere Examensfeier denke … Das war tatsächlich kein Spaß mehr. Alexander sah über die Köpfe der anderen hinweg, die im Gänsemarsch vor ihm hergingen, und taxierte Martin von hinten. So aufrecht ist der früher nie gegangen, dachte er. Der Mann hat sich in den letzten 25 Jahren Rückgrat erarbeitet. Anders als Jörg. Der ist immer noch das kleine Frettchen, das er damals war. Manche Leute ändern sich eben nie. Und Kai-Uwe, meine Güte, wann wird der endlich lernen, dass die Welt nicht nur dazu da ist, ihn aus Fettnäpfchen zu ziehen oder Probleme für ihn zu lösen? Alles ausprobieren, bei allem dabei sein, aber den Schwanz einziehen, wenn irgendetwas nicht zum erwünschten Erfolg führt, und dafür den anderen die Schuld geben. Alexander verzog unwillig den Mund. Ich bin auch nicht besser. Ich bin bequem geworden. Hätte Martin nicht diese Wanderung vorgeschlagen, hätte er nicht alles organisiert, ich säße jetzt im Büro, auf meinem Beamtensessel. Er grinste. Was waren denn das für selbstkritische Gedanken? Der Pilgerweg zeigte offenbar Wirkung. Gut, akzeptiert, dann würde er sich eben zum ersten Mal nicht nur bedienen lassen, sondern auch mal für Martin in die Bresche springen, ihn verteidigen, wenn es sein musste. Zeigen, dass er in der Lage war, über den eigenen Tellerrand zu gucken. Hatte er das nicht allein schon dadurch bewiesen, dass er Martins Einladung gefolgt war, dass er seine Meinung von damals geändert hatte, erwachsener handelte? Nein, wenn er ehrlich war, hatte er gezögert und erst zugesagt, als klar war, dass Martin für jeden ein Einzelzimmer gebucht – und bezahlt hatte. Sonst hätte er auf das tagelange Beisammensein verzichtet und wäre direkt nach Göttingen gereist, wo alle eigene Unterkünfte bei früheren Bekannten gefunden hatten. Sicher ist eben sicher, dachte Alexander.

*

Martin setzte seinen fast mannshohen Pilgerstab bei jedem Schritt neben sich auf und hinterließ auf dem Waldboden Löcher in präzise wirkenden Abständen. Beste Eiche, dachte er. Der hält was aus. Dieser Stab ist schon durch viele Hände gegangen. Auch ich werde ihn weiterreichen, sobald ich das Ziel erreicht habe. Das Beste ist, ich lasse ihn bei Jörg, sobald ich ihn nicht mehr brauche. Martin sah über die Schulter zurück: Die anderen hatten dafür gesorgt, dass Kai-Uwe direkt hinter ihm ging. Kai-Uwe, der stets den Trottel gab, um anderen die Verantwortung für die Saat einer Sache zuschieben zu können, sollten Planung und Ausführung in Arbeit ausarten, aber zur Ernte immer pünktlich zur Stelle war.

»Würdest du mir recht geben, dass Pilgern die Möglichkeit eröffnet, einmal auf uns zu und nicht vor uns wegzulaufen?«, fragte Martin, leicht zu Kai-Uwe gewandt. »Was meinst du, weisen uns Ruhe und Langsamkeit dabei auf die Dinge hin, die wir falsch gemacht haben, oder legt uns der Weg selbst Buße auf?«

»Also, ich will eigentlich nichts, als mal frische Luft schnappen, den Mief meines Büros loswerden«, versuchte Kai-Uwe, sich vor der Antwort zu drücken. »Dafür würde ich auch alleine weitergehen, aber ich verlaufe mich ja schon im Parkhaus meiner eigenen Firma.«

»Ja«, bestätigte Martin. »Du warst immer nur ein Mitläufer, aber auch die machen sich schuldig.«

∗

Kai-Uwe zuckte zurück. Er war Angriffe nicht gewohnt, und wenn doch, sah er sich sofort nach jemandem um, der sie für ihn abschmetterte. Früher hatte Martin sich bestens dafür geeignet, ihm den Rücken zu stärken, dachte Kai-Uwe. Da war er immer nett und geduldig gewesen. Martin hatte ihm auf seine Bitte hin sogar Bilder für seine Studentenbude gemalt, mit genau den Göttinger Motiven, die Kai-Uwe sich gewünscht hatte. Er kicherte in sich hinein. Martin hatte Quentins Ecke, die Alte Fink, die

Junkernschänke 94 und das Lichtenberghaus 95 gemalt und in die farbenfrohen Hausverzierungen nach Anweisung Kai-Uwes weibliche Eroberungen äußerst schmeichelhaft eingewoben. Das hatte imponiert und Kai-Uwe leidenschaftliche Nächte beschert. Martin hatte obendrein in Marihuana geschwängerten Tütchenrunden für die passende Gitarrenbegleitung gesorgt. Der Gute war eben eine Künstlerseele. War seinesgleichen ja oft. Trotzdem, es war als Mann nicht leicht, mit einem anderen befreundet zu sein, wenn man nicht sicher sein konnte … vor ihm sicher zu sein. Kai-Uwe war froh, sich gegenüber Martin immer korrekt verhalten zu haben. Man konnte heute ja nicht vorsichtig genug sein. Guter Ruf war wichtig – vor allem bei den Frauen, die Kai-Uwe noch zu erobern gedachte.

*

»Bist du sicher, wir sind noch auf dem richtigen Weg, Martin?«, rief Thomas nach vorne. »Müssten wir nicht schon lange an der Nikolausberger Warte 96 vorbeigekommen sein?«

»Jetzt sag bloß nicht, dass wir uns auch noch verlaufen haben.« Jörg stöhnte. »Mir reicht es jetzt schon, ich will nicht auch noch Umwege gehen müssen. Diese Etappe war eindeutig zu lang, die hätte halbiert werden müssen. Das ist doch keine Wanderung mehr, das ist eine Tortur.«

»Was seid ihr denn nur für Schlappschwänze?«, fragte Martin und blieb stehen. »Kein Durchhaltevermögen. In dem Moment, in dem man sich durchbeißen muss, der Weg steiniger wird, an ein paar ungewohnten Stellen der Schuh drückt, gebt ihr sofort auf.« Er schüttelte den Kopf. »Ihr seid keine Männer, ihr seid Memmen.«

Nach diesen Worten schnappte nicht nur Jörg hörbar nach Luft, sondern auch Kai-Uwe. »Jetzt mach aber mal halblang,

Martin. Wir wollen doch alle nur einen schönen Ausflug genießen. Ein paar Tage raus aus dem Hamsterrad. Da sollten wir es
mit den sportlichen Anforderungen nicht gleich übertreiben.«

*

Ich bringe ihn um, mit meinen bloßen Händen, dachte Jörg
grimmig. Wenn der nicht bald die Klappe hält, bekommt er es
mit mir zu tun. Für wen hält der sich? Und vor allem: Für wen
hält er mich? Ich hätte mich auf diese ganze Farce nicht einlas-
sen sollen. Pilgern! Ohne Handy und ohne Musik durch iTu-
nes. Nur, um dasselbe Gefühl zu bekommen wie vor 25 Jahren.
Man wird ja geradezu nervös, so retro ist das. Auf diese Art
von Nostalgie kann ich verzichten. Überhaupt scheint Martin
der Einzige zu sein, dem die Rennerei nichts ausmacht. Selbst
Alexander der Große stöhnt ab und an. Wir sind eben alle älter
geworden. Nicht nur das Arbeitsleben zehrt, auch die Verantwortung für Haus und Familie. Wenn man den Kopf nicht nur
über Wasser halten, sondern auch vermeiden will, dass andere
darauf herumtanzen, dann muss man immer auf dem Qui-
vive sein. Man darf sich die Anstrengung nicht anmerken lassen, weder bei der Arbeit noch in der Familie und besonders
nicht bei der eigenen Frau. Martin hat es gut, er hat keinen
Anhang, ist los und ledig, kann machen, was er will, leben, wie
er möchte. Hatte wahrscheinlich sogar genug Zeit, für diese
Wanderung zu trainieren, und kann uns deshalb alle ausste-
chen. Wieso hat Martin überhaupt so viel Oberwasser? Wenn
er nicht aufpasst, muss ich ihn wohl daran erinnern, dass wir
alle mehr von ihm wissen, als uns recht sein kann …

*

»Ich habe den Eindruck, wir haben alle eine Pause verdient. Eine Pause von der Gruppe!« Thomas hob die Hand, um den anderen Zeichen zu geben, sich um ihn zu scharen. »Vielleicht haben wir einfach den Pilgerkoller. Ich schlage deshalb vor, jeder geht für heute allein weiter. Dann kühlen sich die Gemüter ab und wir können uns morgen in besserer Laune an der Jakobikirche **97** in Göttingens Innenstadt treffen und von dort aus in aller Ruhe die nächste Etappe in Angriff nehmen.«

Thomas sah die ehemaligen Kommilitonen der Reihe nach an. Kai-Uwe nickte und Alexander hob bestätigend die Hand; Jörg zeigte keine Reaktion, auch nicht, als Martin ihn geradezu bittend ansah.

✳

Den Dackelblick kannst du dir sparen, mein Lieber, dachte Jörg. Mich kriegst du nicht mehr rum. Das eine Mal hängt mir bis heute nach. Wie konnte ich nur auf dich reinfallen. Leute wie du sind gefährlicher, als … als … na, immerhin habe ich ein wirksames Gegenmittel gefunden, mit dem ich dich heutzutage abwehren kann. Ich habe Frau, Kinder, meine Burschenschaft. Das ist Zusammenhalt fürs Leben. Ein Panzer aus gesicherter Existenz. Dagegen kommt nichts und niemand an. Nicht mal du. Ich bin immun gegen dich. Heute.

✳

»Wie ihr meint. Mir soll's recht sein. Da drüben ist endlich die Nikolausberger Warte.« Martin zeigte mit seinem Pilgerstab in Richtung des weiteren Weges. »Da setze ich mich auf eine Bank und gebe euch eine Stunde Vorsprung. Ich gehe freiwillig als Letzter. Dann habt ihr das Vergnügen, unsere alte Uni-stadt vor mir zu erreichen.«

»Das könnte dir so passen. Ich habe keine Lust, dich ständig in meinem Nacken zu spüren. Du bist doch hier der Unruhestifter. Du gehst zuerst!«, forderte Jörg und seine Stimme überschlug sich bei dieser Forderung.

»Ich muss mich unbedingt ausruhen. Mir qualmen die Füße. Die Bank, von der du gesprochen hast, die ist meine. Geh du also ruhig vor, Martin«, sagte Kai-Uwe.

Martin sah Alexander fragend an und auch der nickte. »Ist mir ebenso recht. Trennen wir uns also auf den letzten Kilometern und jeder verschwindet im Ort in seinem eigenen Quartier.«

»Morgen um 10 Uhr treffen wir dann alle vor der Kirche des heiligen Jakobus wieder zusammen, direkt am Pilgerstein oder von mir aus auch an seiner Statue«, schlug Thomas vor. »Dann holen wir im Pfarrbüro unsere Stempel ab und pilgern in passenderer Stimmung weiter.«

»Kann ich mit dir zusammen weitergehen?«, quengelte Kai-Uwe. »Ich komme sonst nie an …«

»In Gottes Namen«, sagte Thomas. »Ich liefere dich heute Abend bei deinem Nachtlager ab und hole dich morgen zum Frühstück bei Cron & Lanz **98** wieder, okay?«

»Kaffeehaus Cron & Lanz? Da bin ich dabei«, sagte Alexander erfreut. »Die leckeren Kuchen, Plätzchen und Brötchen vermisse ich noch immer.«

»Zahlst du, Thomas?«, fragte Jörg und grinste frech. »Dann bestell einen Tisch für vier. Ich werde pünktlich sein.«

*

»Na, was habt ihr gestern noch gemacht?«, fragte Alexander, als er sich zum Frühstück im traditionsreichsten Café von Göttingen einfand, wo Kai-Uwe und Thomas schon auf ihn warteten.

»Als wir endlich am Gänseliesel-Brunnen **99** vor dem alten Rathaus **100** angekommen sind, war ich schachmatt«, stöhnte Kai-Uwe. »Thomas hat mich nur noch bis zu einer alten Flamme gebracht, die wohnt keine zehn Schritte entfernt, da hätte ich zur Not sogar allein hingefunden. Ich habe mich von meiner Verflossenen als Belohnung richtiggehend verwöhnen lassen. Ich wollte nicht mal mehr zum Essen vor die Tür.« Er schmatzte zufrieden. »Wir haben uns … hinterher was vom Chinesen bringen lassen.«

Thomas überhörte die Andeutung geflissentlich und berichtete stattdessen von sich. »Nachdem ich mich von Kai-Uwe verabschiedet hatte, bin ich auf dem Göttinger Stadtwall **101** Richtung Bahnhof gelaufen, um wenigstens das Bismarckhäuschen **102** wiederzusehen, vor dem wir im Sommer so oft auf dem Rasen gelegen und gelernt haben. Natürlich kam ich auf dem Weg dorthin auch an der Villa von Jörgs schlagender Verbindung vorbei, in der er sich ein Gästezimmer reserviert hat, aber er war noch nicht eingetroffen. Erst wollte ich auf ihn warten, um noch mal mit ihm zu reden; ihn zu bitten, Martin auf dem letzten Teil der Wanderung die Hand zu reichen.« Er zuckte die Achseln. »Aber dafür war ich dann doch zu müde und seine Art Studentenverbindung war schon damals nicht ganz nach meinem Geschmack. Ich habe deshalb nur eine Nachricht für ihn hinterlassen, damit er weiß, wie er mich erreichen kann, falls er heute doch nicht zum Frühstück herkommt.«

»Keine Angst, wenn er, bis wir losmüssen, nicht erscheint, nehme ich seine Rosinenbrötchen als Wegzehrung mit. Du weißt doch, Jörg war nie ein Frühaufsteher«, sagte Alexander und strahlte, als die Bedienung seine üppige Bestellung servierte. Während er ein Brötchen dick mit Butter bestrich, gab er seinen Lagebericht ab. »Heute werdet ihr euch nicht darüber beschweren können, dass ich euch mit meinen langen Beinen davonlaufe, die fühlen sich derzeit an wie Blei. Ich habe bestimmt nicht mehr als drei Stunden geschlafen.« Ein Grinsen überzog sein Gesicht. »Als ich gestern endlich das Göttinger Ortseingangsschild passiert hatte, entschied ich kurzerhand, den Bus in die Innenstadt zu nehmen und die gesparten Kilometer lieber vor Ort zurückzulegen. Ich war in den Gewächshäusern des Alten Botanischen Gartens **103** und bin über den Campus geschlendert.« Er wiegte den Kopf hin und her. »Komisches Gefühl, das ganze junge Gemüse da herumlaufen zu sehen. Ich habe mich richtig …«

»… alt?«, fragte Kai-Uwe.

»… erwachsen gefühlt. So, als würde ich auf meine früheren Dummheiten zurückschauen. Es waren wirklich ein paar zu viel.« Alexander biss in sein Brötchen und sprach erst wieder, als er aufgegessen hatte. »Danach habe ich mich auf eine kleine Erinnerungstour begeben, auf der ich erst das Accouchierhaus **104** und dann die Sternwarte gestreift habe. Dort habe ich meinen Gastgeber getroffen, habe meinen Rucksack bei ihm ins Auto geworfen und wir sind zusammen an den Kiessee und zur Leine **105** gefahren. Erinnert ihr euch, wie oft wir nachts dort auf der Wiese gelegen und darüber geschimpft haben, man könne in Göttingen keine Nacht durchmachen?« Er sah triumphierend von einem zum anderen. »Jetzt kann man.« Er gähnte wie zur Illustration, dass er und sein Gastgeber in der vergangenen Nacht die entsprechenden Wege recherchiert hatten. »Ich bin mir sicher: Wenn wir alle mal wieder gemeinsam um die Häuser ziehen würden, käme auch bei uns Gemeinschaftsgefühl auf. Deshalb habe ich einen Vorschlag: Lasst uns unsere Tour in Göttingen beenden und stattdessen entdecken, was sich in der Stadt alles geändert hat, seit wir weggezogen sind. Lasst uns eine Sightseeingtour durch die eigene Vergangenheit unternehmen.«

Kai-Uwe ließ sich von Alexanders Enthusiasmus anstecken und verstieg sich zu dem Satz: »Meine Füße und mein Orientierungssinn setzen dich auf ihre Shortlist zum beliebtesten Mann des Jahres, denn so könnte ich eine weitere Nacht bei meiner Verflossenen verbringen. Wer weiß, wann sich so eine Situation wieder bietet.«

»Und wenn Jörg und Martin keine Lust haben und lieber weiterwandern wollen?«, fragte Thomas und sah dabei eher aus, als spräche er von sich.

»Wenn die beiden mal wieder ganz für sich sein wollen«, sagte Kai-Uwe in anzüglichem Ton, »dann können sie das gerne machen. Aber bitte ohne mich.«

Alexander tat, als hätte er den Einwurf nicht gehört, und antwortete seinerseits: »Wir machen es einfach wie früher: Mehrheitsbeschluss zählt. Und wir sind die Mehrheit.«

»Manchmal entpuppen sich demokratische Entscheidungen auch als Diktatur. Besonders, wenn immer derselbe den Kürzeren zieht. Wie damals, als wir dieses blöde Wahrheitsspiel organisiert haben«, gab Thomas zu bedenken, »für die Abschlussfeier unserer gemeinsamen Zeit in dieser Stadt. Beim Lagerfeuer, auf den Wiesen an der Leine und unten am Kiessee …«

*

Kai-Uwe umrundete zum x-ten Mal die Statue des heiligen Jakobus und tippte ihm schließlich vor die Stirn. »Weißt du eigentlich, wie viele Leute seit Jahrhunderten wegen dir durch die Gegend rennen?« Er seufzte. »Meine Patronin ist die heilige Notburga, die Schutzheilige des Feierabends, der Ruhezeiten und der Pausen.«

»Ach, wirklich? Ich dachte, du hast eine für den Sexual-
trieb oder gibt es dafür keine?«, fragte Alexander unschuldig.

Kai-Uwe gackerte. »Wenn es da niemanden gibt, könnte
ich ja einspringen.«

»Geht erst, wenn du tot bist«, gab Thomas zu bedenken.
Dann verglich er die Zeitanzeige seiner Armbanduhr mit der
seines Mobiltelefons. »Jörg war ja früher schon nie pünktlich«, konstatierte er. »Aber bei Martin wundert es mich. Die
beiden haben die akademische Viertelstunde jetzt bereits um
weitere 15 Minuten überschritten.«

»Vielleicht hat Martin Jörg aufgelauert und die zwei sind
miteinander …« Weiter kam Kai-Uwe nicht, weil ein Knirps,
der gerade erst seine Einschulung hinter sich haben konnte,
auf Alexander zurannte und ihn am Hemdzipfel zog. »Bist
du Thomas?«, fragte er.

»Nein, ich bin Alexander. Du willst den da sprechen«, antwortete er und zeigte auf seinen Nebenmann.

»Dann soll ich dir das hier geben.« Der Kleine hielt mit
gewichtiger Miene einen Umschlag in die Luft, zog ihn aber
zurück, als Thomas seine Hand danach ausstreckte. »Der
Mann hat gesagt, du gibst mir auch Geld. Hat er versprochen.
Er hat gesagt, du gibst mir mindestens so viel wie er.«

Thomas grinste und holte 50 Cent aus seinem Portemonnaie, aber der Kleine schüttelte den Kopf. »Nee, der andere
hat mehr gegeben.«

Thomas lachte und legte eine Zwei-Euro-Münze in die
Hand des Jungen. »Damit wissen wir schon mal, dass der Brief
von Martin kommt und nicht von unserem Knauser.«

Der Kleine steckte das Geldstück ein, übergab Thomas den
Umschlag und krähte im Weglaufen: »Nein, Martin hieß er
nicht. Er hieß genauso wie die Kirche, vor der ihr steht. Deshalb konnte ich mir den Namen so gut merken. Er hieß Jakob!«

»Jakob? Wer soll denn das sein?«, wollte Kai-Uwe wissen, während Thomas den Umschlag öffnete. »Hast du jetzt etwa auch einen heimlichen Verehrer?«

Aber Thomas nahm seinen Einwand nicht wahr. Er starrte auf den Brief und las mit wachsendem Entsetzen. »Von Martin. Ein Abschiedsbrief«, sagte er tonlos, als er am Ende angekommen war. »Er hat sich das Leben genommen. Vor 24 Jahren.«

»Unsinn.« Alexander riss dem Freund den Brief aus der Hand.

»*... kann und will ich nicht weiterleben, mit, durch und gegen eure Verachtung. Ich dachte zunächst, je weiter ich fortgehe, desto leichter wird es, aber Leute wie euch gibt es überall, Leute, die gedankenlos und selbstgerecht das Leben anderer zur Hölle machen ...*«, las er vor.

»Was bedeutet das denn? Ich kapier das nicht: Wir haben uns doch gestern erst von Martin verabschiedet, wie kann er da schon ewig tot sein?«, übernahm Kai-Uwe den Brief und studierte ihn. »Der Wisch ist ja steinalt, der trägt das Datum von heute vor 24 Jahren, genau ein Jahr nach unserer Abschiedsfeier.«

»Genau ein Jahr nach unserem Wahrheitsspiel also«, bemerkte Alexander.

Thomas holte tief Luft. »Lest das Postskriptum. Das ist neueren Datums, von heute Morgen, um genau zu sein.« Kai-Uwes Augen huschten über das Papier, dann trug er den Text vor und wurde dabei immer leiser: »*Eine ganze Woche habe ich euch Zeit gegeben, mit mir über damals zu reden; nicht nur von euch weg, sondern auch zu euch hin zu pilgern. Keiner hat die Chance ergriffen. Niemand hat sich entschuldigt für das, was damals geschah. Es gab kein Zeichen des Bedauerns über Martins Denunzierung, die Hetze, die Ehrverletzung, die Beleidigung seiner Liebe. Damals habt ihr Jörgs Anschuldi-*

gungen geglaubt, ohne euch über den Wahrheitsgehalt Gedanken zu machen – heute wolltet ihr weitermachen, als wäre nie etwas gewesen, einfach zur Tagesordnung übergehen. Ihr habt Martin zerstört. Trotzdem hat er euch nie verurteilt. Er wollte, dass ich euch 25 Jahre nach eurem Abschluss versammle. Diesen Wunsch habe ich ihm erfüllt. Er wollte, dass ich euch in seinem Namen vergebe. Das kann ich nicht. Deshalb habe ich mich gestern, nachdem wir uns getrennt haben, in einen Hinterhalt gelegt und getan, was ich tun musste. Ich habe Jörg getötet.«

Kai-Uwe räusperte sich; seine Stimme war belegt. »*Während ihr heute Morgen auf mich wartet, sitze ich schon beim Haftrichter. Ich werde mich freiwillig stellen. Ich laufe nicht davon. Ich stehe zu meiner Rache. Deshalb ist Jörg jetzt tot – und der eiserne Knauf meines Pilgerstabes ein Beweismittel.*« Kai-Uwe versagte die Stimme und er gab den Brief weiter an Thomas, aber der wusste bereits, was dort stand: »*Ihr seid nicht aufmerksam, ihr seht nicht richtig hin, ihr denkt nur an euch selbst, sogar auf dem Weg nach Santiago de Compostela. Sonst hättet ihr es irgendwann gemerkt: Ich bin Jakob, Martins Zwilling.*«

94 Junkernschänke; Göttingen hat eine Vielzahl gut erhaltener, liebevoll renovierter historischer Gebäude, zu denen auch Quentins Ecke, die alte Fink und die Junkernschänke gehören. Die Junkernschänke ist ein bauliches und farbliches Kleinod, vor dem selbst Leute bewundernd stehen bleiben, die sonst kein Interesse an historischer Architektur haben. Das in Rot und Weiß gehaltene Fachwerkhaus stammt aus dem Jahre 1446 und wurde danach als dreigeschossiges Wohnhaus zur Barfüßerstraße 15 hin errichtet. Seither hat es sich zu einer Art »Häuserbibel« gemausert. Sämtliche Holzstreben und Fenstereinfassungen sind bildhaft ausgestattet, vom Sündenfall bis zu König David mit der Harfe zieht sich die Wiedergabe des Alten Testaments, von Johannes dem Täufer bis hin zur Kreuzigung das Neue Testament. An der Ostfassade wurden die Evangelisten und die Apostel Petrus und Paulus verewigt.

95 Lichtenberghaus; wer durch Göttingen schlendert, kommt immer wieder an Häusern vorbei, in denen berühmte Professoren oder Studierende der Universität wohnten. In der Gotmarstr. 1 steht eines, das für sich die Druckerei des Verlegers Johann Christian Dieterich, einen Aufenthalt des Entdeckers Alexander von Humboldt und die Familie des Philosophen und Physikers Georg Christoph Lichtenberg verbuchen darf. Lichtenberg hatte in Göttingen studiert, blieb der Stadt aber auch als Professor treu. In diesem Haus lebte er nicht nur, er forschte hier und lehrte seine Studenten all das, was ihn zum Begründer der Experimentalphysik in Deutschland werden ließ. Wem Lichtenberg vornehmlich durch seine im »Sudelbuch« zusammengefassten Aphorismen bekannt ist, den wird es freuen zu hören, dass das Lichtenberghaus heute Heimat eines gemeinnützigen Vereins ist, der das Kulturleben Göttingens durch eine Vielzahl von Ausstellungen, Lesungen, Theater et cetera als Künstlerhaus bereichert.

96 Nikolausberger Warte, Göttingen; die Nikolausberger Warte wird auch Rieswarte genannt. Es ist die Ruine des Wartturms eines mittelalterlichen Landwehrrings, der die Stadt Göttingen umschloss. Als Wartturm oder Wachtturm bezeichnete man einzeln stehende Beobachtungstürme, die ständig bemannt waren und im Spätmittelalter frühzeitig das Heranrücken feindlicher Truppen vermelden sollten. Das geschah in der Regel durch Lichtsignale oder das Hissen von Fahnen. Die Nikolausberger Warte liegt etwa 2,5 Kilometer Fußweg vom Ortsteil Nikolausberg entfernt auf einer Höhe von 350 Metern und ist ein idyllischer Picknickplatz. Wer genau hinschaut, kann ein paar Schritte entfernt die Reste der ehemaligen Wehranlagen begehen.

97 Jakobikirche, der Pilgerstein und die Statue des heiligen Jakobus, Göttingen; im Pfarrbüro der evangelisch-lutherischen Kirche St. Jacobi im Jacobikirchhof 1, kehren heute die Pilger auf der Via Scandinavica ein, um sich den Stempel für ihre Pilgerpässe zu holen. Die gotische Kirche sollte dabei unbedingt besucht werden, denn mit ihrem 72 Meter hohen Turm ist sie das höchste Gebäude der gesamten Altstadt und hat einige Sehenswürdigkeiten zu bieten. Im Chor der Kirche steht ein Doppelflügelaltar aus dem Jahre 1402, der auf seinen Alltagsseiten acht Szenen aus den Legenden des Patrons der Kirche zeigt; werden die Festtagsseiten aufgeschlagen, erzählt er uns von der Passion Jesu. Ich mag diese Kirche aber vor allem wegen ihrer Säulen, die in einem verblüffenden Rautenmuster bemalt sind, welche mir nach längerem Hinsehen das Gefühl vermitteln, als würden sie sich drehen. Vor dem Westportal der Kirche ist eine bronzene Jakobsmuschel in den Boden eingelassen, die den Wanderern den Weg nach Santiago de Compostela weist. Die Statue ihres Schutzpatrons steht an der Ostseite der Kirche.

98 Cron & Lanz, Göttingen; Lust auf gutes Frühstück oder eine besondere Kaffeestunde? Im entspannten Ambiente des Cafés von Cron & Lanz in der Weender Straße 25 erlebt man Kaffeehauskultur allererster Güte, sogar handgemachten Baumkuchen kann man genießen.
Die Geschichte des Hauses beginnt bereits 1876, als die beiden Konditorenmeister Cron und Lanz sich entschlossen, in Zukunft gemeinsam zu backen und ihre Pralinen und Kuchen in einem Kaffeehaus anzubieten. 1912 zog das Café in sein heutiges Gebäude um, das extra zu diesem Zweck gebaut worden war und nun schon seit über 100 Jahren die erste Adresse für höchsten Genuss ist. Ein Stückchen Göttingen mit Suchtfaktor.

99 Gänseliesel-Brunnen; er ist *das* Wahrzeichen der Universitätsstadt Göttingen und seine Bronzefigur, ein Mädchen, umgeben von Gänsen, ist die meistgeküsste Maid der Welt. Gleich nachdem der Brunnen 1901 aufgestellt worden war, bürgerte sich bei den Neuimmatrikulierten ein Kussritus zu Beginn ihres Studiums ein, der dermaßen überhandnahm, dass am 31. März 1926 eine Verordnung erlassen wurde, die das Klettern auf den Brunnen unter Strafe stellte. Selbstverständlich machte diese Drohung das Ritual für die Studenten noch interessanter, sodass es sogar zum »Göttinger Kussprozess« gegen den jungen Grafen Henckel von Donnersmarck kam. Erst zum 100-jährigen Jubiläum der Aufstellung des Gänseliesels im Jahre 2001 wurde das Verbot endlich aufgehoben. Der Brauch hat sich zu einer echten (Touristen-)Attraktion gemausert – auch wenn heutzutage nicht mehr von frischgebackenen Studienanfängern, sondern von Doktoranden geküsst wird, die obendrein einen Blumenstrauß hinterlassen. Da das Original immer wieder beschmiert oder beschädigt wurde, entschloss man sich 1990, das Mädchen ins Städtische Museum in Sicherheit zu bringen und auf dem Brunnen eine Kopie aufzustellen.

100 Altes Rathaus Göttingen; das Gebäude steht direkt am Göttinger Markt, dessen eine Seite es nahezu vollständig einnimmt. Der Bau wurde 1270 begonnen, im Laufe der nachfolgenden Jahrhunderte aber immer wieder erweitert und dem Geschmack und den Bedürfnissen der Zeit angepasst. Das alte Rathaus ist ein reiner Steinbau mit breiter, überdachter Treppe, Ecktürmchen und umlaufendem Zinnenkranz – und würde in seiner Anmutung und Wirkung auch hervorragend zu Brügge oder Gent passen.

101 Göttinger Stadtwall; er ist attraktiver Spazierweg und viel genutzte Joggingstrecke für alle Erholungssuchenden der Stadt zugleich – und dies zu jeder Jahreszeit. Entstanden ist er aus einer Befestigungsanlage, die sich um das alte Zentrum Göttingens zog. Sein heutiges Aussehen erhielt er nach dem Siebenjährigen Krieg, als er mit Alleebäumen bepflanzt wurde. Ab 1765 wurden insgesamt 400 Linden entlang der gesamten Anlage gesetzt, durch die schon Goethe lustwandelte. Die ursprünglichen Linden wurden allerdings seitdem durch eine Vielzahl anderer Bäume ausgetauscht. Der Göttinger Stadtwall wurde 1982 zum Naturdenkmal ernannt.

102 Alter Botanischer Garten Göttingen; jeder hat in einer Stadt einen Lieblingsplatz – meiner ist der alte Botanische Garten, dessen Entstehung mit den Gründungsjahren der Georg-August-Universität einhergeht, und der heute also mehr als 250 Jahre alt ist. Der gesamte Bereich – auch die wunderschönen historischen Gewächshäuser – ist für die Öffentlichkeit zugänglich und wird aufgrund seiner zentralen Lage von vielen Göttingern genutzt. Man kann hier herrlich entspannen, ganz gleich ob im Freiland oder im Farnhaus, im Regenwaldhaus oder im gemütlichen Café Botanik, gleich neben dem Haupteingang. Der Alte Botanische Garten ist ein Platz zum Durchatmen, im wahrsten Sinne des Wortes.

103 Bismarckhäuschen, Göttingen; zu finden in der Bürgerstraße 27a. Es ist der einzige der ehemals neun Türme der Wallanlage, der erhalten geblieben ist. Gebaut wurde er bereits 1447, aber erst nach 1797 zu einer Wohnung umgebaut. Das Haus ging durch viele Hände, so auch durch die des Universitätsgärtners Heinrich Justus Voss, der dafür sorgte, dass der Turm heutzutage als Bismarckhäuschen bekannt ist, weil er ihn als Studentenbude an Otto von Bismarck vermietete. Seit 1931 wurden einige der Räume zur Erinnerungsstätte an den preußischen Reichskanzler umgebaut. Als das Bismarckhäuschen renoviert wurde, brachte man im oberen Stockwerk Gauben an und schuf zusätzlichen Wohnraum für Studenten. Wer hier wohnt, bekommt nicht nur einen Mietvertrag, sondern auch die Auflage, interessierten Besuchern Auskunft zu erteilen und sie durch die Räume zu führen. Trotzdem – oder gerade deshalb – herrscht an Bewerbern für das historische Ambiente kein Mangel.

104 Ehemaliges Accouchierhaus, Göttingen; in vergangenen Jahrhunderten nannte man eine Entbindungsstation »Accouchement«. Dieses Wort wurde auch für die allererste Universitäts-Entbindungsstation des gesamten deutschsprachigen Raumes übernommen. Das Accouchierhaus in der Kurze Geismarstraße 40 wurde zwischen 1785 und 1790 nach den Plänen des Universitätsbaumeisters Georg Heinrich Borheck auf einem H-förmigen Grundriss im spätbarock-klassizistischen Stil errichtet, was dem Betrachter den Eindruck eines Schlossbaus vermittelt. Jeder Besucher sollte unbedingt das Innere des Gebäudes betreten und über das üppig ausgestattete Treppenhaus staunen. Bis 1896 kümmerten sich in dieser Universitätsfrauenklinik so berühmte Gynäkologen wie Friedrich Benjamin Osiander und Eduard Caspar von Siebold um das Wohl der Patientinnen. Ab 1897 wurden immer wieder wechselnde Institutionen der Universität im Accouchierhaus untergebracht, die mit seinem Ursprung nichts mehr zu tun hatten, unter anderem das Historische Seminar, das Kunsthistorische Seminar und das Seminar für Archäologie. Heute beherbergt das ehemalige Accouchierhaus das Musikwissenschaftliche Seminar der Georg-August-Universität.

105 Kiessee und Leine; zugegeben: Romantisch ist der Name des ehemaligen Baggersees nicht, und es mag verwundern, dass die Göttinger für ihr Naherholungsgebiet im Süden der Stadt keinen anderen gefunden haben, aber die 15 Hektar große Wasserfläche spricht offenbar für sich selbst, ebenso wie die Wiesen an der Leine. Entlang einer Uferlinie von 2,5 Kilometern wird spazieren gegangen und gejoggt, gerudert, Tretboot gefahren, auf zwei Kinderspielplätzen im Sand geschaufelt; ein Restaurant sorgt für das leibliche Wohl. Die Göttinger picknicken, chillen und grillen auf den Liegewiesen, und wer glaubt, es gibt heute keine Leute mehr, die zur Klampfe im Grase sitzen und in die Sterne gucken, der sollte im Sommer zum Sandweg an den Kiessee oder an die Leine kommen.

FRAU WIRTIN HAT AUCH EINE SÄGE ...

FENNA WILLIAMS

auf dem Lahn-Camino

»Frau Wirtin hat auch einen Hund ...« Peter singt laut, genüsslich – und falsch. Als er den Vers ebenso begeistert wiederholt,
stimmen seine Kumpane dröhnend mit ein. Bettina schüttelt
angewidert den Kopf und rollt mit den Augen, als Peters Blick
sie streift. Der legt ungerührt die nächste Strophe nach. »Frau
Wirtin hat auch einen Mann ...«

Dann kann Frau Wirtin von Glück sagen, denkt Bettina.
Vielleicht beschreibt sie mir mal, wie sich das anfühlt. Dafür
erzähle ich ihr, wie es sich mit einem Volltrottel lebt.

Sie sieht auf die Uhr. Noch eine knappe Stunde, dann
erreicht die Pilgertruppe Limburg. Bettina hofft inständig,
sie hält das Gejaule bis dahin aus, ohne loszuschreien. Hinter
ihr knödelt ihr Mann: »Frau Wirtin hat auch einen Dom ...«

Seine Freunde brüllen vor Lachen und klopfen sich auf die
Schenkel, als wäre das tatsächlich ein guter Witz. »Kriegen wir
den Dom auch von innen zu sehen?«, fragt Michael.

»Aber selbstverständlich«, schneidet Peter auf, als hätte
er die Führung selbst organisiert. »Euer Peter zeigt euch die
Welt.«

Von wegen, denkt Bettina und erinnert sich an all die Abende,
an denen sie die Etappen auf dem Jakobsweg entlang der Lahn
sorgfältig und liebevoll plante: von Weilburg nach Villmar 106,
zur Burg Runkel 107 über Dietkirchen und Limburg bis Schloss

Oranienstein in Diez █108█ und vorbei an den idyllischen Orten Balduinstein und Lahnstein bis zur Mündung des Flusses in den Rhein. »Die Sehenswürdigkeiten und der Zauber der Landschaft werden die Geschwindigkeit vorgeben, nicht irgendeine protzige Anzahl Tageskilometer«, hatte sie auf der Vorbesprechung gesagt und dafür von allen Beifall geerntet. »Die Besichtigung der Kirchen entlang der Lahn soll Vorrang haben und unsere Wanderung zur Pilgerreise adeln.«

Dem Lahn-Camino auf Schusters Rappen bis zum Rhein zu folgen, das brachte alle zwölf Teilnehmer der Wandertruppe zusammen, aber seit heute Morgen stellt Bettina Schwund fest. Rosi, Susanne und Esther stiegen entnervt in einen Bus, um nach Limburg vorzufahren. »Wir wollen mal was anderes um uns haben als Männer, die sich mit zweifelhaften Liedern die Kehle rau singen«, sagten sie beim Abschied und wurden prompt von den Herren der Schöpfung als humorlos abgestempelt. Falls Bettina und ihre verbliebenen Freundinnen Anja und Sabine glaubten, der Männerchor würde es nach dieser drastischen Dezimierung der Streitkräfte müde werden, zum Volkslied »Es steht ein Wirtshaus an der Lahn« immer fragwürdigere Texte über ihre Sicht der Welt in Verse zu ketten, wurden sie eines Besseren belehrt.

»Es steht ein Wirtshaus an der Lahn, da kehren alle Fuhrleut' an, Frau Wirtin sitzt am Ofen, die Fuhrleut' um den Tisch herum, die Gäste sind besoffen.« Die erste Strophe mag ja noch angehen, denkt Bettina, als die Männer erneut losgrölen, leider haben Peters Eigenkreationen wesentlich mehr Schärfe als die offizielle Fassung. Seine Versionen sind nicht einmal für die Fankurve seines Fußballklubs geeignet, geschweige denn für den Jakobsweg.

Als die nächste Strophe ausbleibt, wirft Bettina überrascht einen Blick auf die Truppe, die sich eng um ihren Peter schart.

Wenn die Männer die Köpfe zusammenstecken, heißt das nie etwas Gutes. Das zeigte sich schon beim Start in Weilburg.

Noch am Vorabend der ersten Etappe war alles in Ordnung gewesen. Alle sechs Ehepaare saßen einträchtig beieinander und losten den Verantwortlichen für den Starttag aus. Bis zur Mündung der Lahn in den Rhein sollte jeden Tag jemand anderes die Bürde der Organisation tragen und als Entschädigung eigene Tagesregeln ausgeben dürfen. »Jeder darf einmal den Ton angeben«, versprach Bettina. Zwölf Tage, zwölf Wanderer, 21 Kilometer. Das war nun wirklich zu schaffen.

Bettina presst die Lippen zusammen, als sie zurückdenkt. Leider drifteten die Vorstellungen über die inhaltliche Ausgestaltung der einzelnen Etappen bei den Teilnehmern weit auseinander. Jedenfalls zwischen Männer- und Frauenriege.

Rüdiger übernahm den Ankunftstag in Weilburg und berief als Erstes einen Gesangs- und Dichter-Workshop im Schlosspark ein, durch den der Grundstein für die Grölerei der nächsten Tage gelegt wurde. Erst nach dem Mittagessen machten sich alle auf den Weg. Aber nicht, wie von den Frauen erwartet, per pedes, sondern mit elektrischen Rollern, die er extra in Limburg geordert hatte.

Rüdiger war schon immer eine faule Socke gewesen, aber alle hatten ihm diese Programmänderung nachgesehen, weil so genug Zeit blieb, das hübsche Städtchen zu erkunden und dennoch rechtzeitig zum Abendbrot in der Unterkunft zu sein. Der knapp 200 Meter lange Durchstich des Schifffahrtstunnels **109** durch den Mühlberg hatte alle beeindruckt, und auch das Weilburger Schloss **110** fand Anklang. Die heimelige Altstadt besuchten die Frauen allerdings schon allein, denn die Männer wollten sich bis zur Abgabe ihrer fahrbaren Untersätze noch ein Rennen liefern und anschließend Kanus leihen, um selbst durch den Schifffahrtstunnel zu paddeln. Bettina zuckte nur mit den Schultern, schließlich würde echtes Pilgergefühl aufkommen, sobald Rosi am nächsten Tag das Staffelholz von Rüdiger übernahm.

Pustekuchen, denkt Bettina in Erinnerung an das Teilstück von Weilburg nach Villmar. Die Männer griffen zu unlauteren Mitteln, um Rosi abzustrafen, weil sie für ihren Tag den Genuss von Alkohol auf der Strecke untersagte. Wie kleine Jungs schmierten sie ihr Senf in die Wanderschuhe, um sie zur vorzeitigen Aufgabe zu zwingen. Aber Rosi war taff und verdarb den Männern den Spaß. Sie verzog keine Miene, obwohl sie bei jedem Schritt in den Schuhen hin und her rutschte und sich Blasen holte, die durch die Schärfe des Senfs höllisch brannten. Als Bettina ihr abends half, ihre blutigen Füße zu verbinden, schwor Rosi Rache. »Das lasse ich so nicht durchgehen«, sagte sie. »Man trifft sich immer zweimal im Leben. Und für das zweite Treffen werden wir sorgen. Alle für eine, eine für alle.«

Leider machte am darauffolgenden Tag Michaels Regel die Hoffnungen der Frauen auf sofortigen Gegenstreich zunichte. Er schlug für seine Etappe ein Wettwandern vor, bei dem jeder gegen jeden kämpfte und Rüdiger und er in Start und Ziel als Zeitnehmer fungierten. Michael verpasste allen Teilnehmern eine Startzeit und überwachte die Einhaltung, während Rüdiger schon vor der imposanten St. Lubentiusbasilika in Dietkirchen [111] wartete, um die Ankunftszeit zu dokumentieren. Erklärt sich fast von selbst, dass beide Juroren selbst keinen einzigen Meter zu Fuß zurücklegten, sondern sich mit Taxen an die Anfangs- und Endpunkte befördern ließen.

Bettina ist noch immer unerklärlich, warum die Männer bei diesem Spiel als klare Gewinner durchs Ziel gingen, obwohl kein Einziger von ihnen sie überholte. Wie diese Dublette des Märchens zwischen dem Hasen und dem Igel organisiert worden war, fanden die Frauen nicht heraus. Zu dem Thema sangen die Männer keine Lieder.

Gestern war nun Esther an der Reihe gewesen. Als engagierte Englischlehrerin war sie erpicht darauf, auch dieser Pilgerwanderung ein wenig anglophile Kultur einzuhauchen. »Wir erzählen uns gegenseitig Geschichten, genau wie die Wallfahrer aus dem Buch von Geoffrey Chaucer aus dem 14. Jahrhundert, den berühmten Canterbury Erzählungen. In diesem Werk der Weltliteratur vertreiben sich die Pilger auf ihrem Weg zum Grab des heiligen Thomas Becket die Zeit mit gegenseitigem Erzählen von Geschichten, und so wollen wir es auch halten. Wer möchte anfangen?« Esther hatte wie selbstverständlich angenommen, dass niemand der Gruppe das Buch kannte – und dabei nicht mit Rüdiger gerechnet. Seine Kenntnis des geschriebenen Wortes fußt in erster Linie auf erotischer Literatur. Bei der Suche nach immer neuem Lesefutter dieser Couleur scheut er auch vor Klassikern wie Boccaccios »Decamerone« oder D. H. Lawrences »Lady Chatterley« nicht zurück. Dummerweise war er so auch auf Chaucers Geschichten gestoßen und erinnerte sämtliche schlüpfrige Stellen und saftige Details, die er mit großem Genuss vor allen ausbreitete. Begeistert gaben die Herren der Schöpfung anschließend mehr oder weniger selbst erlebte Bettgeschichten zum Besten, denen sie stets eine gehörige Portion Wunschdenken hinzufügten. Esther fluchte nur ganz leise.

Bettina seufzt. Kein Wunder, dass die Freundin heute als Erste dem Bus zustrebte. Dicht gefolgt von Rosi und Susanne, die in den »liebevollen« Geschichten ihrer Männer besonders schlecht wegkamen. Wir sind zwar mit unseren Ehemännern unterwegs, denkt Bettina, aber leider nicht mit einem einzigen Gentleman.

Wäre sie doch bloß auch in den Bus gestiegen, dann müsste sie jetzt nicht mit anhören, was Peter heute verzapft. Aber sie ist standhaft der Meinung, dass ihr Gatte an seinem Organisationstag ihre Unterstützung nötig hat – und ein Korrektiv braucht. Bettina kocht innerlich. Gerade reimt Peter zum wiederholten Male einen schlüpfrigen Reim auf sie. »Bettina, Bettina – eine wie meine kommt schnell nie…hi…da«, ist noch die netteste Version seines Singsangs. »Frau Wirtin hat auch eine Schwester, die besucht sie gerne zu Silvester, Bettina heißt die Allerbeste, die futtert sich fett zu jedem Feste …«, tut da schon mehr weh.

Reim dich oder ich fress dich, denkt Bettina. Obwohl, wegen Peter werde ich nicht zur Kannibalin. Oder doch? In eine Lücke des Männergesangs setzt sie ihren schrillsten Sopran und jodelt ebenfalls einen Vers: »Frau Wirtin hat auch einen Kannibalen, mit dem wollt' sie im Bett sich aalen, doch leider hatte Hunger er, drum gibt's jetzt keine Wirtin mehr.« Begeistert bekommt sie für die Wiederholung von Anja und Sabine gesangliche Unterstützung. Peter stutzt und kämpft offensichtlich mit einem Kommentar, deshalb setzt Bettina schnell noch eins drauf und zielt damit direkt auf den Anstifter der elenden Rauf- und Saufverse. »Frau Wirtin hat auch einen Rüdiger, der ist beileib' kein Rühriger. Bei ihm muss es das Mundwerk tun, weil alle andren Glieder ruh'n.«

Da die Frauen die Nachhut bilden, können sie genießen, wie Rüdiger stocksteif stehen bleibt und sich abrupt zu ihnen umdreht. Er holt tief Luft und sagt dann mit etwas verrutschtem Lachen und in Richtung seiner Freunde: »Bettina macht nur Spaß.«

»Nö, macht sie nicht.« Anja schlägt ihrem Mann im Vorbeigehen jovial auf die Schulter, wie er es bei allen Frauen zu tun pflegt, ob dabei seine Frau anwesend ist oder nicht, um danach seine Hand stets ein wenig zu lange auf der Schulter der Dame ruhen zu lassen. »Ich finde sogar, du bist außerordentlich gut getroffen.«

Jetzt hakt auch Sabine ein und schickt einen besonders freundlichen Blick zu Gatte Michael hinüber. »Bettina ist der Meinung, wir dürfen euch die Dichtkunst nicht allein überlassen – und da hat sie völlig recht. Sie hat uns gestern Abend nach euren Schwächen gefragt und wir haben fleißig aufgezählt. Auf dem Weg nach Balduinstein morgen dürft ihr alle Strophen hören.«

»Denn meine Tagesregel lautet: Wahrheit als Dichtung statt Dichtung und Wahrheit«, fügt Bettina grimmig hinzu. »An meinem Orga-Tag darf nicht gelogen werden.«

Täuscht sich Bettina oder haben die Männer plötzlich Panik im Blick? In jedem Falle ziehen sie das Tempo an und die Truppe erreicht Limburg 112 pünktlich auf die verabredete Minute. Auf der gesamten Stadtführung verhalten sich alle geradezu vorbildlich.

»Was habt ihr denn mit unseren Ehegesponsen gemacht?«, fragt Rosi erstaunt, als weder bei der Besichtigung des Domes noch beim Rundgang durch die Altstadt dumme Sprüche fallen. Als sie die Antwort weiß, bedauert sie außerordentlich, Bettinas Sirenengesang nicht gehört zu haben, warnt aber sofort: »Wartet nur ab, auch aus dieser Zwickmühle winden sich unsere Männeraale wieder heraus.«

»Bettina«, sagt Peter später im Quartier und wirkt zum ersten Mal seit Tagen bescheiden wie ein Pilger, »Rüdiger hat sich vorhin ganz fies den Fuß vertreten und kann morgen nicht mitlaufen. Als echte Freunde lassen wir ihn natürlich nicht im Stich. Geht ihr Frauen nur euren Vergnügungen nach, wir werden die nächste Etappe mit dem Ausflugsdampfer bewältigen.« Er hebt bedauernd die Hände. »Ich weiß, ich weiß, das ist lange nicht so schön, wie einträchtig miteinander zu wandern, aber auch im Verzicht liegt Größe. Wir treffen dann in Balduinstein wieder aufeinander.«

Bettina fällt daraufhin nichts Besseres ein, als vor sich hinzusummen: »Frau Wirtin hat auch einen Feigling ...«

Der nächste Tag ist der harmonischste der bisherigen Pilgerreise. Die Frauen scherzen und lachen und vermissen ihre schlechteren Hälften keine Minute. Erst als nahe der Fachinger Heilquelle **113** der Ausflugsdampfer an ihnen vorbeizieht, fällt ihnen wieder ein, dass sich diese Wanderung ganz wundervoll eignet, um sich des einen oder anderen anstrengenden Anhängsels für immer zu entledigen. Die sechs Frauen stehen am Ufer und beobachten ihre Männer, wie sie vom Deck des Bootes mit ihren Bierkrügen herübergrüßen.

»Ja«, sagt Rosi und zieht dabei das »a« ganz lang. »Gönnen wir ihnen diese letzte Feier. Schicken wir sie singend in den Tod.«

Dann erläutern die drei Busfahrerinnen den anderen Frauen, wie sie die gewonnene Zeit des gestrigen Tages genutzt haben und warum sich Esthers englische Bildung, Susannes Tagesregel und Rosis Rachegelüste besonders gut eignen, um endlich, endlich frei zu werden und alle weiteren Etappen auf dem Weg nach Santiago de Compostela mithilfe ihrer Witwenrenten zu bezahlen. Bettina hört Esthers Ausführungen gewissenhaft zu und bestätigt anschließend, dass Lesen bildet.

»Die Männer werden meinem Plan begeistert zustimmen«, sagt Esther selbstbewusst, »denn meine Tagesregel lautet: Wir

brech en ab. Jeder, der allein weiter entlang des Jakobsweges
an der Lahn pilgern möchte, kann dies tun, alle anderen fahren mit dem Zug von Balduinstein **114** bis nach Bad Ems **115**,
eine Station vor Lahnstein **116** .«

»Eine landschaftlich bezaubernde Strecke übrigens, mit mehr
als einer guten Aussicht«, schwärmt Rosi, und die Freundin
nickt ihr wohlwollend zu.

»Von Bad Ems aus werden wir zur Burg Lahneck aufbre-
chen«, führt Esther weiter aus. »Wer den Rest seines Urlaubs
nach seinem Gusto verbringen will, muss sich dieser letzten
Anstrengung unterziehen: einer Wanderung durch dichten Wald
zu einem einsamen Hochsitz, von dessen Höhe aus man den
Turm der Burg Lahneck bereits sehen kann. Jedenfalls werden
wir das so verkaufen.« Sie sieht triumphierend in die Runde.
»Seit ich meine Abschlussarbeit über die Schottin Idilia Dubb
und ihren Tod auf Burg Lahneck geschrieben habe, kenne ich
die gesamte Gegend wie meine Westentasche. Und auch diesen Hochsitz.«

»Endlich kommt ein summa cum laude mal zu praktischer
Anwendung«, bemerkt Sabine, und Esther lächelt ihr dankbar zu.

Bettina ist noch nicht ganz überzeugt. »Wer ist Idilia Dubb
und was hat sie mit der einwandfreien Entsorgung unserer Männer zu tun?«

Während die Frauen die letzten Kilometer von Fachingen
bis Balduinstein pilgern, legt Esther akribisch dar, warum das
traurige Schicksal einer 17-jährigen Schottin im wahrsten Sinne
des Wortes nicht nur zum Höhepunkt ihrer Wanderung, sondern ihres Lebens werden könnte. Sie fasst ihre 200-Seiten-
Arbeit in kurze Schlaglichter zusammen: »Im Jahre 1851 reiste
die Familie Dubb mit ihren drei Kindern von Großbritannien
kommend den Rhein hinunter und nahm auch in Lahnstein
Quartier. Tochter Idilia reichte das Besichtigungsprogramm

ihrer Eltern offenbar nicht aus, denn sie machte sich, ohne jemandem über ihr Ziel Bescheid zu geben, auf den Weg zur Burg Lahneck. Sie kletterte mutterseelenallein auf den Turm, um die Aussicht genießen zu können. Dummerweise war die Holztreppe morsch und brach unter ihr zusammen, nachdem sie oben angelangt war. Ihr Rufen und Flehen nützte ihr nichts, keiner konnte sie hören, niemand kam ihr zu Hilfe. Ihre Gedanken und Nöte vertraute sie ihrem Tagebuch an, das viele Jahre später, bei einer Renovierung des Turms zusammen mit ihren sterblichen Überresten gefunden wurde.«

»Sie ist verdurstet?«, fragt Anja atemlos nach.

Esther nickt bestätigend. »Nach vier einsamen Tagen.«

»Und die Geschichte stimmt wirklich?« Bettina runzelt ungläubig die Stirn.

»Nein, ich denke, sie ist Teil der damaligen Rheinromantik, jedenfalls lege ich es so in meiner Arbeit dar«, antwortet Esther und grinst. »Aber sie ist eine echte Steilvorlage für unsere Gruppe, finde ich.«

Bettina macht eine wegwerfende Handbewegung. »Ich will gerne glauben, dass ein einsames Mädchen auf einer Burg nicht genug Lungenvolumen hat, um rufend auf sich aufmerksam machen zu können. Aber unsere sechs Männer würden vom Turm heruntergrölen und notfalls per Helikopter gerettet, nur um Lahnstein wieder Ruhe und Frieden zu bringen.«

Rosi lächelt siegessicher: »Uns geht es nicht um die Burg. Die hat ihre düstere, nie wirklich aufklärbare Geschichte. Wir wollen eine neue schreiben, für den Jakobsweg entlang der Lahn … und legen dabei besonderen Wert auf den Punkt *nie wirklich aufklärbar.*«

»Außerdem wollen wir auch gar nicht so weit laufen, Bettina«, macht Susanne klar. »Wir nehmen uns eher ein Beispiel an der morschen Treppe, verstehst du?«

»Und sechs Weibsen, gar nicht träge, sägen heimlich mit der Säge, ritzratze! Voller Tücke, in die Leiter eine Lücke«, dichtet Sabine begeistert Max und Moritz' dritten Streich auf ihre Situation um und macht dazu eine passende Handbewegung. »Muss ich noch mehr sagen?«

Das muss sie nicht. Die Frauen legen ihre Mittel für die schärfste Säge zusammen, die man für Geld kaufen kann, und setzen Rosi und Esther gemeinsam in den Zug, um die notwendigen Vorarbeiten zu erledigen. Die anderen schlendern beschwingt weiter nach Balduinstein und lachen beim Zusammentreffen mit der Gegenseite zum ersten Mal über die frisch getexteten Wirtinnenverse ihrer Gatten. Im Geiste stellen sie sich dabei vor, wie die Männer am nächsten Tag nacheinander auf den Hochsitz drängen, weil dort eine Kiste Bier auf die Ankömmlinge wartet – und lachen noch lauter.

Eine kleine Diskussion gibt es zwischen den Damen noch, wer die Leiter wegziehen darf, sobald alle oben sind, aber da jede mit an den Seilen ziehen darf, die den revolutionären Umsturz der angesägten Hölzer herbeiführen, sind sich alle schnell einig und freuen sich auf das Bersten des Gebälks, das ihre Männer unter sich begraben wird.

Noch viele Jahre später wird Bettina behaupten, dass ein Lied ihr Leben verändert hat. Ihre Lieblingsstrophe heißt: Frau Wirtin hat auch eine Säge …

106 Villmar; Ruhm und Reichtum dieser Gemeinde gründet auf Lahn-Marmor, einem vielfarbigen, polierfähigen Kalkstein. Bereits im 16. Jahrhundert wurde dieser hochgeschätzte und vielseitig verwendbare Stein abgebaut und wegen seiner Farbenpracht in alle Welt verschickt. Man findet Villmars steinerne Zeugen im Empire State Building in New York, in der Eremitage in Sankt Petersburg und im einzigen Apostelgrab nördlich der Alpen, in der Abtei St. Matthias zu Trier. In Villmar selbst zeugt die Lahnbrücke von 1894/95 von der Haltbarkeit und Schönheit des Baustoffs. Eine Steinfräse am Lahnufer gibt einen Eindruck davon, wie das Material verarbeitet wurde. Seit 1989 wird kein Lahn-Marmor mehr abgebaut, aber man kann Führungen durch das Naturdenkmal »Unica-Marmorbruch« buchen und das Lahn-Marmor-Museum besuchen. www.lahn-marmor-museum.de und www.marktflecken-villmar.de

107 Ort und Burg Runkel; sie sind wohl das, was man verwunschen nennen könnte. Bis heute bietet sich ein Bild harmonischen Einklangs, wenn der Besucher die Gassen Runkels durchstreift. Die Burg gilt als eine der am besten erhaltenen mittelalterlichen Burgen des Landes. Durch die Art, wie sich die umliegenden Häuser um den Trutzbau schmiegen, wirkt das Gesamtensemble, besonders von der Lahnbrücke aus gesehen, als könnte man direkt in die Vergangenheit eintauchen oder dort sofort einen Historienfilm drehen. Vielleicht sogar über Melanchton, der 1543 als Gast des Grafen Johann IV. von Wied-Runkel in den trutzigen Mauern weilte. Der Sage nach soll sich ein Ritter Karls des Großen im Jahre 778 zum Bau der Burg entschlossen haben und sie nach der vernichtenden Schlacht von Roncesvalles »Ronkeval« genannt haben, aus dem sich später der Name Runkel ergab. Wandert man vom französischen Saint-Jean-Pied-de-Pont her kommend auf dem Jakobsweg über die Pyrenäen, dann ist der Klosterkomplex von Roncesvalles der erste Ort, den man auf dem spanischen Jakobsweg betritt und bildet so – gleichwohl, ob wahr oder nicht – eine schöne Erinnerung daran, dass dieser Weg über Tausende von Pilgerkilometern mit der Burg Runkel verbunden ist. www.runkel-lahn.de oder www.burg-runkel.de

108 Schloss Oranienstein in Diez; der Bau sollte ursprünglich als Witwensitz der Gräfin Albertine Agnes von Oranje-Nassau dienen und ist bis heute eines der Stammschlösser des niederländischen Königshauses. Es entstand zwischen 1672 und 1684 auf den Ruinen des damaligen Benediktinerinnenklosters Dierstein und hat seit seiner Erbauung eine wechselvolle Geschichte durchlebt. Nicht nur ließ Napoleon 1811 die gesamte Ausstattung des Hauses versteigern, es war auch Kadettenanstalt und sowohl nach dem Ersten, als auch nach dem Zweiten Weltkrieg von französischen Truppen besetzt. Heute ist das Schloss nicht nur Museum, sondern auch Bundeswehrstandort. Wer also die für die Öffentlichkeit zugänglichen Teile des Schlosses besichtigen möchte, sollte unbedingt einen Personalausweis mitbringen. Besucher ohne Ausweispapiere dürfen das Kasernengelände – und somit die außerordentlich sehenswerten Schlossräume – nicht betreten. Da es aufgrund der Lage des Museums zu Änderungen der Öffnungszeiten kommen kann, sollte vor Besuch das Ansageband des Anrufbeantworters abgehört werden, auf dem unter 0 64 32/9 40 16 66 Änderungen aktuell bekannt gegeben werden. www.vg.diez.de – unter Reiter Tourismus + Freizeit

109 Weilburger Schifffahrtstunnel; er ist der älteste und längste Schiffstunnel seiner Art in Deutschland. Er wurde 1844 gebaut, ist 195 Meter lang und zusammen mit der am unteren Ausgang befindlichen Kuppelschleuse ein technisches Denkmal erster Güte. Der tiefe Durchstich durch den Mühlberg ermöglicht es, eine zwei Kilometer lange Lahnschleife abzukürzen. Die Bedeutung des Tunnels wurde durch den Bau der Lahntalbahn allerdings schon zehn Jahre später in den Schatten gestellt. Heutzutage ist der Schifffahrtstunnel reine Attraktion für Kanufahrer und Ruderer. www.weilburg-lahn.info

110 Weilburger Schlossanlage; der gesamte Gebäudekomplex liegt auf einem Bergsporn innerhalb der Lahnschleife und wurde durch landschaftliche Eingriffe wie Aufschüttungen und Planierungen trotz schwierigen Terrains auf einer Länge von 400 Metern höchst eindrucksvoll verwirklicht. Das aus vier Flügeln bestehende Renaissanceschloss wurde in Teilschritten in den Jahren 1533–1572 erbaut und zu Beginn des 18. Jahrhunderts zu einer barocken Residenz mit Schlossgarten, Kirche und zahlreichen Nebengebäuden erweitert. Die damals geschaffene Einheit wurde bis heute fast unverändert bewahrt. Die barocke Gartenanlage und das Schloss sind ganzjährig zu besichtigen. Besonders empfehlenswert sind die sommerlichen Schlosskonzerte, in denen klassische Musik

sich harmonisch in das Ambiente der Umgebung ein-
passt. www.weilburg.de, www.weilburger-schlosskon-
zerte.de

111 St.-Lubentius-Basilika; sie thront majestätisch auf einem
Lahnfelsen hoch über Dietkirchen. An ihrer Stelle stand
zunächst ab 580 eine hölzerne Kapelle, die 780 durch die
erste steinerne Kirche ersetzt wurde. Der heutige atem-
beraubende, fast burgähnlich wirkende Bau entstand ab
Anfang des 11. Jahrhunderts und wurde bis ins 13. Jahrhundert immer wieder verändert. St. Lubentius war – der
Überlieferung nach – ein Schüler von Martin von Tours
und wurde von Bischof Maximin von Trier zum Pries-
ter geweiht. Er ist der Patron der Schiffer auf der Lahn.
Seine Gebeine wurden 841 nach Dietkirchen gebracht,
wo bis heute sein Sarg und sein Kopfreliquiar verwahrt
werden.

112 Limburg; für diese Stadt sollte man sich viel Zeit nehmen. Da bereits im Mittelalter wichtige Handelsstraßen
durch die Stadt führten, kamen die Einwohner durch
Zolleinnahmen, Brückenmaut und Durchreisende früh
zu Wohlstand. Die Altstadt weist deshalb wunderschöne
Fachwerkbauten auf, von denen einige zu den ältesten
bewohnten Häusern Deutschlands zählen. Unbedingt
besichtigen sollte man auch den rheinisch-romanischen
Dom, den wahrscheinlich Graf Heinrich von Nassau
1206 auf dem Platz einer älteren Stiftskirche errichten
ließ. Die Autorin unternimmt jedes Jahr eine Fahrt mit
dem Ausflugsdampfer durch die Schleusen die Lahn hinunter bis Balduinstein, weil der Blick auf den Dom, die
St. Lubentius-Basilika und die sanften Lahnhügel vom

Wasser aus noch bezaubernder ist, als daran entlangzu-
wandern. www.limburg.de, www.lahntalschiffahrt.de

113 Fachingen und seine Heilquelle; sie sind im wahrsten
Sinne bis heute in aller Munde. Die Quelle des welt-
berühmten Wassers wurde im Jahre 1740 entdeckt und
bereits zwei Jahre später analysiert. Ab 1746 begann man
mit dem Versand des Heilwassers »Staatl. Fachingen«,
dessen Besonderheit in dem natürlich hohen Hydrogen-
carbonat-Gehalt von 1.846 mg/l und seiner einzigartigen
Mineralisation liegt und so für einen ausgeglichenen Säu-
re-Basenhaushalt sorgt. www.fachingen.de

114 Balduinstein gehört zwar mit seinen knapp 600 Einwohnern zur Verbandsgemeinde Diez, ist aber ein eigenstän-
diger, staatlich anerkannter Fremdenverkehrsort, der
in seiner Beschaulichkeit seinesgleichen sucht. Durch
den Bahnanschluss fast besser zu erreichen als durch
die Landstraße, scheint der Ort seinen Besuchern unbe-
dingte Ruhe zu verordnen und den Eindruck zu vermitteln, dass man hier, besser als irgendwo sonst an der
Lahn, einmal alle Fünfe grade sein lassen darf. Das liegt
auch am Waldreichtum – man befindet sich mitten im
Naturpark Nassau – und an den idyllisch anmutenden
Burgen Balduinstein und Schaumburg, die das Bild des
Ortes ebenso prägen wie die kleinen, aber feinen Hotels,
in denen man nicht nur gut ausruhen, sondern mit direk-
tem Blick auf die Ufer der Lahn hervorragend speisen
kann. Balduinstein ist für die Autorin Erholung pur –
auch gerne einmal nur einen romantischen Nachmittag
lang. www.gemeinde-balduinstein.de

115 Bad Ems ist staatlich anerkanntes Heilbad, in dem wichtige Ereignisse der Geschichte und Literaturgeschichte ihren Anfang nahmen oder verewigt wurden. Die Nutzung der Heilquellen geht bereits bis ins 14. Jahrhundert zurück, aber ab dem 17. Jahrhundert entwickelte es sich zu einem der berühmten Kur- und Badeorte, die in einem Atemzug mit Baden-Baden oder Wiesbaden genannt wurden. Die illustre Gästeschar wird von Kaiser Wilhelm I. und Zar Nikolaus angeführt, aber auch Victor Hugo, Gogol, Turgenjew, Jacques Offenbach, Clara Schumann und Richard Wagner badeten hier. Von hier wurde die Emser Depesche an den preußischen Ministerpräsidenten Bismarck versandt, in deren Folge es zum deutsch-französischen Krieg von 1870/71 kam, und hierher ließ Theodor Fontane seine Effi Briest ziehen, um Ruhe zu finden. Das Kurhaus mit dem barocken Badeschloss und das Kursaalgebäude mit der ältesten Spielbank Deutschlands erinnern aber nicht nur an vergangene Zeiten, sondern können bis heute benutzt, besucht und genossen werden. www.bad-ems.info

116 Lahnstein; aufgrund steinzeitlicher Funde reicht Lahnsteins dokumentierte Geschichte bis in die Anfänge der Besiedlung des Rheintales zurück, aber erst die Römer setzten es in den Jahren 81–96 nach Christus durch den Limes unveränderlich auf die Landkarte der Welt. Aufgrund seiner exponierten Stellung am Zufluss der Lahn in den Rhein schien allerdings nicht nur den Römern eine gut zu bewachende Sicherheitslinie wichtig, auch nachfolgende Herrscher setzten Zeichen durch Burgen und Verteidigungsbauwerke wie die Burg Lahneck. Lahnsteins Sehenswürdigkeiten reichen vom bezaubernden

Stadtmauerhäuschen, einer ehemaligen Nachtwächterherberge, bis hin zum Wirtshaus an der Lahn, einem mittelalterlichen Massivbau aus dem 14. Jahrhundert, das deutschlandweit bekannt, berühmt und berüchtigt sein dürfte durch das schlüpfrige Lied, dessen Entstehung bis ins 17. Jahrhundert zurückreicht. Heute kennt man mehr als 750 Strophen, von denen eine aus der Feder Goethes stammen soll, die er verfasste, als er am 18. Juli 1774 auf seiner Lahnfahrt zusammen mit Lavater und Basedow im Wirtshaus sein Mittagsmahl einnahm. www.lahnstein.de

FASTEN, NICHT RASTEN

FENNA WILLIAMS

Grenzüberschreitung zwischen Bad Bergzabern und Wissembourg

»Wie bitte?« Heriberts Stimme überschlägt sich. »Wie viele Kalorien?« Er atmet hektisch ein und aus. Ein und aus.

»Du hast recht, Liebling, richtiger wäre, wie *wenige* Kalorien. Dies ist schließlich unsere Fastenwoche. Wir dürfen endlich Ballast abwerfen, unsere Körper und Seelen reinigen.« Yvonne breitet ihre Arme aus, als würde sie die Welt umarmen wollen. »Wir dürfen frei werden, frei!« Sie dreht sich um sich selbst. »Ohne Sorgen und irdische Lasten wandeln wir auf dem pfälzischen Jakobsweg von Bad Bergzabern nach Weißenburg.« Yvonne hebt schelmisch den Finger. »Und bevor du mich wieder verbesserst: Natürlich muss es *Wissembourg* heißen. Schließlich liegt die französische Grenze zwischen Schweigen-Rechtenbach und unserem Ziel.«

Schweigen, denkt Heribert. Hat sie tatsächlich *Schweigen* gesagt? Welch ein wunderbares Wort. Er wünschte, seine Frau würde diese Disziplin ebenso beherrschen wie den Verzicht aufs Essen. Er kann nicht anders. Etwas zwingt ihn, zu fragen: »Erstreckt sich unser Fasten auch aufs Reden? Machen wir es wie die Mönche und wandeln in Stille?«

Yvonne lässt glockenhelles Lachen ertönen. »Aber Heribert«, sagt sie. »Wir wollen es doch nicht übertreiben. Schließlich haben wir jetzt endlich einmal Zeit, ausgiebig miteinander zu plaudern. Wie lange habe ich mir das schon gewünscht.

Nur mit dir, auf einsamen Wegen, Hand in Hand. Durch das Herz der Natur.«

»Nur wir zwei, aha. Dachte ich mir, dass niemand anderes sich seinen Urlaub durch Fasten und Pilgern gleichzeitig verdirbt.« Heribert sieht sich auf dem Ludwigsplatz von Bad Bergzabern um. In diesem Kurort könnte er es aushalten: sorgfältig renovierte Häuser, eine beeindruckende Kirche, Bänke, ein Springbrunnen, Restaurants und Cafés, in denen bestimmt auch für ihn das eine oder andere Plätzchen zu finden wäre. Heribert denkt dankbar zurück an das Zinnfigurenmuseum **117**, das er am Vortag besucht hat, während Yvonne mit ihrer Freundin Dauertelefonate führte. Was die sich zu erzählen haben, obwohl sie erst zwei kurze Tage getrennt sind, ist ihm ein Rätsel. Vor so viel Mitteilungsbedürfnis flüchtet man besser und erkundet die Stadt. Seine Frau gibt ihre Gespräche später ohnehin an ihn weiter, brühwarm und detailreich. Das hört man besser alles nur einmal. Seine Herzfrequenz erhöht sich stets auf ein ungesundes Maß, sobald Yvonne anschließend auch noch für jede Einzelheit seine Meinung einfordert. Heribert findet den Ausdruck »etwas totreden« nicht präzise. In seinen Augen, besser, in seinen Ohren müsste es »*jemanden* totreden« heißen. Deshalb hat er die Stille im Museum so genossen und gleich noch einen Spaziergang durch die Stadt angeschlossen, um nicht ins Hotel zurückzumüssen. Heribert ist am Wahrzeichen der Kurstadt, dem Schloss der Herzöge von Zweibrücken **118** vorbeigeschlendert und hat in einer Buchhandlung ein paar Ansichtskarten gekauft, die ihm alle die Sehenswürdigkeiten der Stadt verrieten, mit deren Kenntnis er sich anschließend vor seiner Frau brüsten konnte. Durch seinen kulturellen Eifer blieb Yvonne dankenswerterweise verborgen, dass er die zeitliche Lücke zwischen Wissen und tatsächlicher Besichtigung vor allem genutzt hatte, um zwei

Lokale kennenzulernen, die ihm üppigen Saumagen und herrlich fettige Metzelsupp servierten.

Während Heribert auf dem Ludwigsplatz die Orte einzuschätzen versucht, an denen er es sich jetzt mit einem ansprechenden Frühstück und einer Tageszeitung bequem machen könnte, redet Yvonne von den Vorteilen des Fastens, edler Enthaltsamkeit, gesundheitsfördernder Darmreinigung und damit einhergehender Verlängerung des Lebens, als wäre letzteres ohne Fülle und Völlerei wirklich erstrebenswert.

Als er sich geistig wieder in ihren Monolog einschaltet, sagt sie gerade: »Natürlich sind die ersten zwei Tage die schwierigsten, deshalb haben wir die ja auch in Bad Bergzabern verbracht. Man muss sich eben von Anfang an streng an die Regeln halten, dann geht alles wie von selbst. Das haben Anke und Berthold auch gesagt, die haben auf ihrer Tour zwölf Kilo abgenommen. Also zusammen, nicht jeder, aber das ist doch trotzdem ein sehr beachtliches Ergebnis. Vor allem, weil dein Arzt dir immer wieder predigt, wie wichtig es für dich ist, dein Herz zu entlasten. Du musst dich einfach öfter bewegen und weniger essen. Vor allem weniger Fett.«

Wie Heribert es hasst, wenn sie den Zeigefinger hebt, als wäre sie seine Mutter und er ein Kindergartenkind. Er murmelt etwas Unverständliches, aber Yvonne greift es dennoch auf: »Das sagst du so einfach, aber den Einwand lasse ich nicht gelten. Wandern kannst du ebenso gut wie jeder andere. Wir werden einfach so langsam gehen, wie es deine Kondition erlaubt. Ich habe die Etappen extra sehr, sehr kurz gehalten. Das schaffst du spielend. Heute laufen wir nur bis Dörrenbach. Sicher ist sicher. Schließlich haben wir eben erst einen halben Liter Wasser mit Glaubersalz getrunken. Das wird im Laufe des Tages zu wirken beginnen. Da ist es gut, wenn wir schnell ans Ziel kommen, damit kein Malheur passiert. Aber uns kann ja nichts Peinliches widerfahren. Wir haben die Entlastungstage eingehalten und seit gestern nichts als Brühe zu uns genommen. Bis das Abführmittel durchschießt, sind wir bereits im nächsten Quartier. Sind das nicht gute Aussichten?«

Heribert ist entschieden anderer Meinung. Statt Kaiserbrötchen mit Butter, zwei Fünf-Minuten-Eier und heiße Schokolade mit Sahnehaube vertilgen zu dürfen, hat er literweise grünen Hafertee trinken müssen und dazu altbackenen Zwieback geknabbert. Das ist nicht seine Vorstellung vom Beginn eines genussvollen Urlaubstages. Er fühlt sich schlapp und unkonzentriert. Ohne ein, zwei Milchkaffee mit reichlich Zucker kommt er morgens nie richtig in die Spur. Daran sind bestimmt diese Medikamente schuld. Seit er die nimmt, braucht er doppelt so viel Koffein, um auf Touren zu bleiben. Das ist heute nicht anders. Yvonne hat ihm deshalb zwar geraten, seine Herztabletten während der Fastenwoche abzusetzen, aber nach nur einem Tag kann er noch keine Wunder erwarten. Wenn er seinen Kaffee hätte, würde auch sein Magen nicht so knurren, da ist er sich sicher. Ausgerechnet in diesem Moment geht ein Schulkind mit Bäckertüte an ihm vorbei, und er bestätigt seiner Frau stolz, dass zumindest die Sache mit dem verfeinerten Geruchssinn während des Fastens bei ihm bestens funktioniert. »Ich kann dir genau beschreiben, was in dieser Tüte war.« Heribert sieht dem Kind begehrlich hinterher. »Croissants mit Mandelkruste und ein marzipangefülltes Plunderstück.«

»Der arme Junge! Was tut er sich an.« Yvonne schüttelt sich. »Setz das mal gegen dein Fastenfrühstück«, fordert sie ihren Mann auf, »und genieße, wie viel gesünder du dich ernährt hast.«

»Wie ich das sehe, ernähre ich mich derzeit überhaupt nicht«, murmelt Heribert. »Ich verhungere.«

»Unsinn«, sagt seine Frau und kneift ihn ein wenig zu fest in seine Taille, die in der Tat in den letzten Jahren nicht mehr so sichtbar ist wie zu der Zeit, als die beiden sich kennenlernten. »So schnell verhungert man nicht. Wenn man an den Entlastungstagen konsequent auf Fastenkost umstellt, hat man keinen Hunger. Denk dran: Wir tun das alles in erster Linie für dich.« Sie seufzt genüsslich. »Ich will schließlich, dass du noch viel älter wirst, als du schon bist. Bei unserem großen Altersunterschied und weil Männer doch ohnehin eine kürzere Lebenserwartung haben, muss ich dich doppelt gut hegen und pflegen, damit wir zwei so lang wie möglich zusammen sein können. Weißt du, was meine Freundin Karla gesagt hat? ›Yvonne‹, hat sie gesagt, ›du opferst dich auf für diesen Mann. Pilgern geht ja noch an, das ist in, aber dabei auch noch fasten, nur damit der eigene Ehemann schneller wieder fit und gesund wird. Das ist wahre Liebe.‹«

Heribert käme durchaus mit etwas weniger Liebe aus, wenn er dafür mehr essen dürfte, sagt aber vorsichtshalber nichts. Außerdem ist er abgelenkt, denn in seinem Magen- und Darmtrakt rumort es. Da braut sich etwas zusammen, das seine Rettung sein könnte. Während er langsam neben seiner Frau Richtung Kurpark läuft, wird das Gären und Rumpeln stärker und ein unangenehmes Kneifen im Unterbauch setzt ein. Heribert muss stehen bleiben, um den Bauchschmerz wegzuhecheln. »Ich glaube«, stöhnt er, »das Glaubersalz ist mir nicht bekommen. Bist du sicher, dass wir die richtige Menge eingenommen haben?«

»Aber selbstverständlich«, bestätigt Yvonne. »Ich habe es ganz genauso gemacht wie im Fastenbuch beschrieben. Bei dir habe ich natürlich ein bisschen mehr genommen, weil du ja so viel größer und ausladender bist als ich – aber ganz gewiss nicht mehr als ein, zwei gehäufte Esslöffel zusätzlich.«

Dieses Bisschen macht Heribert auf den nächsten Metern so zu schaffen, dass er sich hektisch nach Möglichkeiten umsieht, es loszuwerden. Die Südpfalz-Therme **119** ist seine Rettung. In einer Geschwindigkeit, die er sich selbst kaum zugetraut hätte, findet er die Toilette und verschwindet.

Als er zu Yvonne zurückkehrt, fühlt er sich wacklig auf den Beinen, aber sie kennt keine Gnade. »Dein Darm ist von Haus aus etwas träge, den überrascht deine plötzliche Aktivität, und schon reagiert er mit Gegenwehr. Deshalb musst du jetzt unbedingt weiterlaufen. Du wirst sehen, die momentane Schwäche macht bald einem Hochgefühl Platz, so wie bei Marathonläufern, die weiterrennen, obwohl sie kurz vor dem Zusammenbrechen sind. Außerdem wird dein Darm nach diesem Anfall völlig leer sein; wir haben ja gestern nichts gegessen.«

Oh verdammt, denkt Heribert und erinnert sich an seine Portionen Saumagen und Metzelsupp. Wenn das alles wieder rauswill …

Er schüttelt unwillkürlich den Kopf. An diesen Leckereien kann es nicht liegen, die waren alle weich und geschmeidig. In seinem Bauch liegt aber irgendetwas Hartes quer und tut höllisch weh. »Das ist der Zwieback von heute Morgen«, sagt er zu Yvonne. »Ich sollte besser etwas essen, damit dieses Brett vom Nachschub durch den Darm in die Freiheit befördert wird. Mit so einem Pfropfen kann niemand wandern gehen. Ich fürchte fast, du musst die erste Etappe unseres Pilgerweges allein bewältigen.«

»Unsinn, die wenigen Kilometer bis Dörrenbach schaffst du. Stell dir vor, der Ort wird auch ›Dornröschen der Pfalz‹ genannt.«

Heribert beneidet Dornröschen. »Als die aufgewacht ist, hat man ihr bestimmt ein richtiges Frühstück hingestellt.« Hundert Jahre rumliegen, mit einer Wärmflasche auf dem Bauch. Danach wäre ihm jetzt auch, aber seine Frau schleift ihn weiter durch den Kurpark. Als er noch einmal darauf hinweisen will, wie schlecht es ihm geht, stopft sie ihm einen Zitronenschnitz in den Mund. »Davon geht der schale Geschmack weg«, sagt sie. »Und zier dich nicht so. Ein großer starker Mann wie du, und macht schlapp, bevor es losgeht.«

»Wer macht hier schlapp?«, verteidigt er sich. »Ich vertrage nur dieses Abführmittel nicht so gut wie du. Ansonsten bin ich fit.« Er beweist es eine Sekunde später, indem er auf dem Absatz kehrtmacht und im Sturmschritt zurückläuft zur Toilette.

Für den Rückweg muss er sich Zeit lassen, denn sein Herz will partout den richtigen Takt nicht finden. Seine Schritte sind schwankend, als hätte seine Frau das Glaubersalz nicht in einem halben Liter Wasser, sondern in Wein aufgelöst. Als Heribert endlich zu Yvonne zurückkehrt, steht die neben einem Holzstamm, aus dem ein mannshoher Jakobspilger herausgeschnitzt wurde: Pilgerstab in der Hand, Muscheln um den Hals und am Gürtel, bloße Füße in einfachen Sandalen. Heribert ist sich nicht sicher, ob er sich diesen Mann als Vorbild nehmen möchte, aber Yvonne klopft begeistert auf das Holz, als würde das tatsächlich Glück bringen. »Los, du auch«, fordert sie ihn auf. Dann sieht sie sich nach jemandem um, der Heribert und sie links und rechts vom hölzernen Wanderer ablichten könnte. Entschlossen steuert sie auf einen jungen Mann zu, der an ihnen vorbeigeht, ohne von seinem Smartphone aufzublicken. Yvonne verwickelt ihn in ein Gespräch und schiebt ihn schließlich in Heriberts Richtung. »Stell dir vor, Schatz, dieser nette junge Mann heißt Jonas und pilgert auf derselben Route wie wir. Bis nach Santiago de Compostela will er. 2.000 Kilometer«, sagt sie. »Er ist bereit, ein Foto von uns zu machen. Hier, am Ausgangspunkt unserer Fastenwanderung. Jetzt lächle doch mal oder sag wenigstens: Spaghetti!«

Heribert hasst gestellte Fotos, aber er hasst noch mehr, was folgt. Schritt für Schritt seiner ersten Etappe auf dem Weg zu Schlankheit, Erleuchtung und innerem Frieden werden durch Yvonnes Kommentare über das Fastenwandern begleitet. Angeblich werden dabei sogar Glückshormone ausgeschüttet. Heribert fragt sich, wo die wohl landen.

Yvonne zeigt auf ein kleines Schild mit grüner Traube auf weißem Grund. »Ab hier verläuft unsere Route entlang des Wanderweges ›Deutsche Weinstraße‹ bis hinauf auf den Wonneberg.«

Heribert leckt sich die Lippen. Wonneberg und Deutsche Weinstraße: Das verspricht nun ganz anderes als Zitronenschnitze und abgestandenes Wasser. Er wird sein Bestes geben und die Gegend mit all ihren Vorteilen kennenlernen. Koste es, was es wolle. Dafür nimmt er auch den Anstieg in dieser Bullenhitze in Kauf. Er wischt sich den Schweiß von der Stirn und hofft, dass Yvonne in Dörrenbach tatsächlich diese alte Schulfreundin besucht, um mit ihr den Rest des Tages zu verplaudern. Schwer atmend schafft er es bis vor eine Tafel, die auf Dörrenbachs Gastronomie hinweist. Heribert bleibt so andächtig davor stehen, als wäre sie ein geweihtes Flurkreuz, und versucht, sich das Angebot für später einzuprägen. »Ich verstehe jetzt, wie du den Vergleich mit den Marathonläufern gemeint hast«, sagt er und legt an Tempo zu. »Wenn man ein Ziel vor Augen hat, geht alles leichter.«

In Dörrenbach angekommen, überrascht Heribert seine Yvonne mit dem Angebot, erst in die kleine Pension einzuchecken und sie dann bei ihrer Freundin abzuliefern. »Auf dem Weg zu dieser Viola können wir uns auch gleich das Dorf ansehen«, schlägt er vor und macht dann beim Rundgang mentale Notizen sämtlicher Lokale, die *seine* Art Fastenkost führen.

Gleich nachdem sie das historische Rathaus **120** von Dörrenbach bestaunt haben, hat der widerspenstige Zwieback offenbar den Kampf mit dem geschundenen Darm verloren, denn Heribert stürzt in ein Lokal, um dort um die Nutzung der Toilette zu bitten – und anschließend einen Blick auf die Speisekarte zu werfen. Yvonne telefoniert währenddessen vor der Tür, um sich bei der Schulfreundin anzumelden, die in der Nähe der Wehrkirche St. Martin **121** wohnt. Heribert ist von der Kirchenburg beeindruckt, aber auch der Meinung, dass es reicht, ihr aus der Ferne zuzuwinken und seine Frau an dieser Stelle bis zum Abend zu verabschieden.

»Du bist immer so verständnisvoll«, gurrt Yvonne. »Lieb von dir, mich mit Viola allein zu lassen, ohne sauer zu sein. Dafür, das verspreche ich dir, werde ich mich morgen mal nur um dich kümmern.«

Heribert ist sich nicht sicher, ob er das als Versprechen oder als Drohung werten soll, nutzt aber dankbar den freien Nachmittag, um die Restaurants auf ihre kulinarischen Feinheiten zu untersuchen, und fällt dann erschöpft ins Bett. Wandern und Fasten gleichzeitig, findet er, kann nur durchhalten, wer ausreichend Schlaf bekommt.

Am nächsten Morgen wirkt Yvonne angeschlagen. »Du steckst das alles besser weg als ich. Dir ist noch keine Schwäche anzumerken«, sagt sie bewundernd. »Ich fühle mich schlapp und kraftlos. Das muss die Fastenkrise sein. Aber ich nehme mir ein Beispiel an dir. Genauso, wie du gestern nicht aufgegeben hast, werde ich heute auch durchhalten. Ich möchte dich nur bitten, den Löwenanteil meines Gepäcks zu tragen. In meinem Zustand kann ich das Gewicht einfach nicht bewältigen. Wenn ich alles Schwere in deinen Rucksack stopfe, kann ich leichter mit dir Schritt halten.«

Heribert verzieht den Mund zu einem gequälten Lächeln, bringt es aber nicht über sich, das Kompliment für seine Männlichkeit und seinen Durchhaltewillen durch Ablehnung zunichtezumachen. Und das, obwohl es ihm alles andere als gut geht. Er ist todmüde und hat einen Schädel, als wäre der eine verräucherte Eckkneipe. Selbst wenn er mindestens fünfmal am Tag Nahrung zu sich nimmt, darf Heribert Wein und Bier niemals kombinieren. Gestern hat er diese goldene Regel vernachlässigt. Außerdem hat er die halbe Nacht kerzengerade im Bett gesessen. Sodbrennen. Kein Zweifel: Das zweite Schnitzel im dritten Lokal war offenbar nicht gut durchgebraten. Anders kann er sich diese üble Attacke nicht erklären. Heribert fühlt sich, als habe er ein Brett vor dem Kopf und ein Bleiband um den Bauch. Durch beides bohrt Yvonne mit jedem ihrer Worte ein Loch. Mit dem Presslufthammer. Seine Frau lamentiert, bis sie Dörrenbach weit hinter sich gelassen haben, über ihre momentane Schwäche: »Ausgerechnet heute. Ich bitte dich, Heribert, wieso geht es mir ausgerechnet heute so schlecht? Schließlich wollen wir doch eine Wette gewinnen. Erinnerst du dich?«

Heribert hat nicht den Schimmer einer Ahnung, wovon Yvonne spricht. Als er den Kopf schütteln will, vibrieren Tausende von Nadeln, die offenbar direkt unter seiner Schädeldecke Schutz gesucht und nur auf diesen Moment gewartet haben. Zu einer Antwort ist er nicht fähig.

»Wir wollen heute die längste Etappe in der kürzesten Zeit laufen«, hilft Yvonne seinem Gedächtnis auf die Sprünge. »Ja, ich gebe zu, ich will Anke und Berthold auch mal imponieren und zeigen, zu was wir zwei in der Lage sind, wenn wir zusammenhalten. Tut mir leid, dass ich stattdessen vor mich hinschleiche.«

Heribert ist das Schneckentempo nicht aufgefallen. In seiner Wahrnehmung sind sie heute sogar schneller unterwegs als gestern. »Den Eindruck hast du, weil die Strecke nach Oberotterbach ein klein wenig abschüssig ist«, vermutet Yvonne. »Wegen dieser günstigen Vorzeichen habe ich diesen Abschnitt für unseren Zeitlauf gegen Anke und Berthold gewählt. Das war klug, findest du nicht? Denn Rückenwind haben wir auch.«

Heribert antwortet nicht. Er hat auch seinen Stolz. Von ihm wird kein Wort des Protestes zu hören sein. Er wird nicht um langsameres Tempo betteln; schon gar nicht, wenn Anke und Berthold im Spiel sind. Ihn ärgert ohnehin, wie sie ihn, nur weil er lächerliche 25 Jahre älter ist als Yvonne, mit diesem nachsichtigen Blick bedenken, wenn es um gemeinsame Outdoor-Aktivitäten geht. Nein, die Blöße gibt er sich nicht. Dann schluckt er lieber trocken. Etwas anderes bleibt ihm auch nicht übrig, denn Yvonnes Wasserflasche ist leer und seine hat er in der Pension stehen lassen, um Gewicht zu sparen. Während die Sonne gnadenlos vom Himmel brennt, seine Lippen pelzig werden und ihm abwechselnd seltsam kalt und wieder sehr, sehr heiß wird, versucht er zu ignorieren, dass sie schon gefühlte Stunden durch ein Rebenmeer laufen. Schließlich hält er es nicht mehr aus und greift mit beiden Händen in einen Rebstock, reißt ein halbes Pfund unreife Trauben ab und lutscht daran wie ein Verdurstender.

»Das würde ich nicht tun«, sagt Yvonne und hebt wieder einmal den Zeigefinger. »Die sind gespritzt. Was für Insekten schädlich ist, kann für einen Fastenpilger erst recht nicht gut sein. Außerdem sind die Träublein noch lange nicht für den Verzehr geeignet. Du solltest lieber Wasser trinken.«

»Dann lass uns irgendwo einkehren«, sagt Heribert und klingt dabei heiser, weil seine Kehle so trocken ist, dass sie ihm fast den Dienst versagt.

Yvonne will nichts davon hören. »Aber Schatz«, sagt sie empört, »dann verlieren wir unseren zeitlichen Vorsprung.« Sie guckt auf die Uhr. »Im Moment sind wir 20 Minuten schneller als unsere Freunde. Wenn wir das bis Schweigen-Rechtenbach durchhalten, winkt uns nach unserer Rückkehr ein bezahltes Essen bei unserem Lieblingsitaliener.«

Heribert stöhnt. Die Erwähnung seiner Pizzeria ist eine echte Rücksichtslosigkeit. Wie eine Fata Morgana des Hungers ziehen an seinem inneren Auge Spaghetti Carbonara, die mit zwei verschiedenen Sorten Fleisch gefüllte Spezial-Calzone und die Dorade im Speckmantel vorbei. So schwach, wie er sich fühlt, wäre es jetzt genau das Richtige, aus diesen Gerichten drei aufeinanderfolgende Gänge zu machen.

Wie ist es möglich, dass Yvonne unentwegt plappern und gleichzeitig rennen kann, obwohl es ihr nicht gut geht? Sie treibt ihn ja regelrecht vor sich her. Dabei hat sie stets ihr unvermeidliches Spielzeug am Ohr und beschreibt irgendeiner ihrer vielen Freundinnen haarklein, wie sie sich heute fühlt und wo genau sie sich jetzt befindet. »Heribert läuft wie ein Uhrwerk«, schwärmt sie. »Unglaublich, wie viele Kilometer trotz seines Alters in ihm stecken.«

Heribert drückt stolz den Rücken durch und versucht, sein Schnaufen zu unterdrücken. Das gelingt ihm ganz passabel, bis Yvonne fortfährt: »Wenn er weiter so durchhält, dann schafft er es noch bis zur französischen Grenze. Dann sollte aber definitiv Schluss sein.«

»Das will ich doch hoffen«, stöhnt Heribert und bleibt kurz stehen, um Luft zu holen. Wie hoch sind sie hier eigentlich? An dieser Stelle der Landschaft scheint die Luft dünner zu sein als in Bad Bergzabern. Heribert dreht sich um, um festzustellen, ob er auf Oberotterbach zurückblicken kann. Er blinzelt mit den Augen, um deutlicher sehen zu können, und stutzt. »Kommt da nicht dieser Jonas, der gestern das Foto von uns an der Jakobusstatue geschossen hat?«, fragt er seine Frau, aber Yvonne ist zu sehr in ihr Telefongespräch vertieft, um zu antworten. Die Jugend kann heute keine Sekunde auf dieses Ding verzichten, auch dieser junge Mann hält sich beim Laufen sein Smartphone wie eine Scheibe Toastbrot vor den Mund.

Toastbrot hätte Heribert nicht denken sollen, schon melden sich wieder Hunger und Durst, und zwar doppelt so eindringlich wie zuvor. Kurz bevor Jonas die beiden einholt, beendet Yvonne ihr Telefonat und verstaut ihr drittes Ohr in ihrem Rucksack, als würde es nicht mehr gebraucht. Begeistert begrüßt sie Jonas und verwickelt ihn in ein Gespräch. Heribert würde diesen Umstand normalerweise gutheißen, denn so muss er nicht antworten und hat mehr Puste zum Laufen, aber dieser junge Mann legt ein ziemliches Tempo vor und Yvonne scheint mit ihm mithalten zu wollen. Zu allem Übel zählt ihr Neuzugang auch noch auf, welche Köstlichkeiten er sich in den letzten Tagen einverleibt hat. »Die Pfalz ist die perfekte Region für kulinarische Genüsse«, schwärmt er.

Heribert versucht, die Liste der Spezialitäten zu ignorieren, aber es gelingt ihm nicht; ganz gleich, ob Leberknödel oder Dampfnudel, jedes Gericht ist wie ein Dolchstoß mitten hinein in seinen leeren Magen.

Dankbar sieht Heribert seine Frau an, als die ihren Zeigefinger hebt und dieser Folter Einhalt gebietet. »Mein Mann und ich, wir sind unterwegs, um zu fasten, nicht zu rasten«, sagt sie mit Bestimmtheit.

»Ist das denn gesund?«, fragt Jonas ehrlich erstaunt.
»Warum machen Sie es nicht wie ich? Wer tagsüber wandert,
darf am Abend die verbrauchten Kalorien ohne schlechtes
Gewissen nachfüllen.« Er schlägt sich auf seinen Waschbrett-
bauch. »Beim Pilgern kann man schlemmen, ohne zuzuneh-
men.«

Heribert findet das eine äußerst vernünftige Einstellung und
hakt hoffnungsvoll ein: »Wir gehen heute mit Ihnen weiter bis
Wissembourg, und Sie zeigen uns Ihre Variante des Jakobus-
pilgerns. Abgemacht?«

Yvonne will protestieren, aber Heribert lässt es nicht zu. Er
sieht eine Chance, aus dieser Rennerei ohne regelmäßige Nah-
rungszufuhr auszuscheren, und die lässt er sich nicht nehmen.

»Also gut, ich weiß, wann ich verloren habe«, lenkt seine
Frau ein. »Ab heute Abend wird geschlemmt, aber nur, wenn
es zuvor ein Sightseeingprogramm gegeben hat. Ich lasse mich
in kein Lokal ziehen, ohne vorher die Abteikirche St. Peter
und Paul **122** besichtigt zu haben und am Salzhaus **123** vorbeigekommen zu sein. Ist das klar?«

Heribert und Jonas nicken synchron: Heribert ergeben,
Jonas begeistert. »Wir können auch auf der Promenade des
Remparts **124**, der alten Stadtmauer, entlanggehen«, schlägt
Jonas vor, der sich in dem Städtchen offenbar bestens auskennt.
»Oder wir schlendern entlang der Lauter und des Kanals bis
zu einer ganz wunderbaren Patisserie, um uns dort auf unser
Abendessen einzustimmen.«

Dieser Mann hat mein Leben verändert, denkt Heribert
dankbar und will sich erkenntlich zeigen. Er verkündet großzügig: »Genauso machen wir es. Und als Belohnung dürft ihr
zwei euch im Ziel alles erlauben – dafür sorgt mein Bank-
konto.« Mit dieser Aussicht, wenn auch hungrig, durstig und
mit fiesen Seitenstichen, kann Heribert sogar noch ein wenig

schneller laufen, findet seine Frau und zieht das Tempo noch mal an.

Niemand könnte überraschter sein als Heribert, als er endlich das Deutsche Weintor 125 in Schweigen vor sich auftauchen sieht. Wie in Trance schleppt er sich darauf zu und schlägt mit der Hand gegen das Gebäude, als wäre es die heiß ersehnte Ziellinie. Dann sieht er sich nach Trinkbarem um, ist aber nicht mehr in der Lage, es sich selbst zu beschaffen. Während Jonas sich anbietet, Getränke zu organisieren, schiebt Yvonne Heribert weiter, bis sie aus dem Doppeldorf heraus und wieder zwischen Weinbergen sind. »Keine zwei Kilometer mehr und du hast es geschafft«, verspricht sie. »Das Ende ist nah.«

Jonas holt die beiden schneller ein, als Heribert erwartet hat. Dankbar nimmt er zwei Flaschen Wasser entgegen. Sie sind eiskalt, von einem Frostmantel umhüllt, an dem seine Hand kleben bleibt. Heribert achtet nicht darauf. Er trinkt einen Liter auf Ex. Dann stößt er auf, als koste es sein Leben. Sein Magen rebelliert gegen den blubbernden Eisklumpen in seinem Inneren. Heribert wird schwarz vor Augen. Keine Sekunde später kommt das meiste retour und landet zusammen mit den unreifen Weintrauben in hohem Bogen zwischen den Reben. Leider hat sich auch eine ganze Menge Galle entschieden, zusammen mit der Eisbombe aus ihm herauszuplatzen.

Yvonne reicht ihm die andere Flasche, damit er den Mund ausspülen kann, aber Heribert fehlt die Kraft. Er will nur noch weiter, Weißenburg erreichen. Er stolpert vor Erschöpfung über seine eigenen Füße und strauchelt. Sowohl Yvonne als auch ihr Begleiter stürzen auf ihn zu, um ihn zu stützen.

»Na, mein Alter, wir wollen doch nicht schlappmachen«, sagt Jonas und schlägt ihm so hart auf die Schulter, dass Heribert übel wird vor Schmerz. Seltsamerweise spürt er den aber nicht dort, wo Jonas ihn berührt hat, sondern in seiner linken Brust. Heribert steuert in Panik auf eine Bank zu. Er bekommt mit, wie sein Herz all sein Blut mit Hochdruck bis in seine Ohren pumpt und durch den Druck seine Schädeldecke zu heben scheint. Aus Mund und Nase entweicht Luft, wie aus einem porös gewordenen Luftballon. Genau auf der Grenze, am weitesten entfernt von jeder Hilfe, haucht Heribert langsam sein Leben aus. Hilfesuchend sieht er zu Yvonne und Jonas auf, aber die zwei sind offenbar völlig ratlos, welche Notrufzentrale jetzt zuständig ist: die deutsche oder die französische. Heribert hört ihre Diskussion wie durch eine Nebelwand. Seine letzte Frage hören sie in ihrem Eifer nicht. »Kommt man vom Jakobsweg eigentlich direkt in den Himmel …?«, haucht er.

Da er die Antwort bereits eine Sekunde später kennt, sieht er nicht mehr, wie Yvonne und Jonas sich gleich darauf triumphierend abklatschen. Gott sei Dank! Gott sei Dank?

117 Zinnfigurenmuseum; befindet sich direkt an der Marktstraße Bad Bergzaberns, zusammengetragen vom Buch-
händler Kurt Wilms, der alle Figuren eigenhändig und
historisch richtig bemalt hat. Das ist umso bemer-
kenswerter, als die 140 verschiedenen Schaubilder mit
15.000 Zinnfiguren bestückt sind, jede einzelne ein lie-
bevolles Abbild ihrer Zeit. Ganz gleich, ob eher Hanni-
bal und die Römer interessieren oder der Dreißigjährige
Krieg – hier ist jede Figur historisch passend ausgerüstet
und gibt einen Eindruck von der Vielfalt seiner Welt.
Ort: Marktstraße 14 im Hause der Buchhandlung Wilms,
Telefon: 0 63 43 / 9 3 91 72

118 Schloss der Herzöge von Zweibrücken; es ist unzwei-
felhaft Bad Bergzaberns Wahrzeichen. Das ursprünglich
als Wasserburg angelegte Gebäude wurde im Renais-
sancestil errichtet, aber im Bauernkrieg 1525 zerstört.
Der Wiederaufbau erfolgte bereits ein Jahr später, wurde
aber erst 1579 beendet. Der Südflügel wird von zwei
Wehrtürmen aus dem 16. Jahrhundert flankiert; die Frei-
treppe stammt aus dem 19. Jahrhundert. Um in den
Innenhof zu gelangen, muss man durch das »Riesen-
tor« gehen. Da das Schloss heute Sitz der Verbandsgemeinde ist, sind die Räume des imposanten Gebäudes
leider nicht zugänglich, aber die Außenanlage und der
Innenhof können bewundert werden und sind Austra-
gungsort für Feste wie die Rosenwochen oder Palatia
Jazz.

119 Südpfalz-Therme, Bad Bergzabern; aus 450 Metern Tiefe fördern die Petronella-Quellen Thermalwasser ans Tageslicht und speisen damit die Südpfalz-Therme. Bei Wassertemperaturen von 26–32 °C können die Besucher sowohl in der Halle als auch in den Außenbecken herrlich entspannen. Neben einer großen Palette gesundheitsfördernder Angebote von heilenden Bädern, Massagen und Kneipp-Anwendungen bietet sich dem Entspannungssuchenden eine Saunalandschaft mit Dachgarten, Salzgrotte und Sand-Licht-Bad und macht nicht nur Bergzabern als Bad alle Ehre, sondern verführt auch die Autorin dazu, jedes Jahr wiederzukommen. www.suedpfalz-therme.de

120 Historisches Rathaus in Dörrenbach; es gehört zu den eindrucksvollsten Gebäuden der gesamten Pfalz. Der Fachwerkbau wurde 1590/91 errichtet und ist ein historisches Kleinod allererster Güte, das allerdings nicht nur angeschaut, sondern auch für Weinproben, Weihnachtsmarkt et cetera genutzt wird. Das Rathaus ist mit reichen Verzierungen wie Wappen, Zunftzeichen der Bäcker und schwungvoll geschnitzten Ornamenten ausgestattet, an der Nordseite führt eine außen überdachte Treppe hinauf zu einem Podest im ersten Obergeschoss. Der dortige Eingang trägt über der Tür die Inschrift: PAX INTRANTIBUS – »Friede den hier Eintretenden« und die Jahreszahl 1590.

121 Wehrkirche St. Martin, Dörrenbach; sie dient bereits seit dem 17. Jahrhundert beiden Konfessionen als Gotteshaus und ist damit eine der wenigen Simultankirchen in Deutschland. Während diese seltene Einheit nach ech-

tem Frieden aussieht, beweisen Schlüsselloch-Schar-
ten, dass der Turm einst auch für Verteidigungszwe-
cke genutzt wurde. Als echte Wehrkirche erweist sich
St. Martin auch, wenn man die Dicke der Außenmau-
ern betrachtet: Zwei Meter dürften den Hilfesuchenden
ausreichend Schutz gewährt haben. Sowohl der achtsei-
tige Spitzturm der Kirche als auch der Treppenturm sind
eine Rarität. Neben dem großen Fenster aus der Frühre-
naissance ist bis heute die Umrisszeichnung eines Brot-
maßes zu erkennen. Der Glockenturm beherbergt zwar
fünf Glocken, mit denen früher Sturm geläutet werden
konnte, derzeit wird jedoch nur noch eine genutzt, die
verrichtet ihren Dienst allerdings bereits seit 1330.

122 Abteikirche Sankt Peter und Paul; erhebt sich im Zentrum Wissembourgs. Sie wurde Ende des 13. Jahrhunderts erbaut und ist (nach dem Münster in Straßburg)
der zweitgrößte Kirchenbau des Elsass. Die eindrucks-
volle Orgel stammt aus dem Jahre 1766 und ist ebenso
sehens- wie hörenswert. Auch die elf Meter hohe Wand-
malerei, die den heiligen Christophorus darstellt, sollte
man gesehen haben. Vom zum Kirchengelände gehören-
den alten Kloster Weißenburg, an dem Otfried von Weißenburg wirkte, ist ein Kreuzgang erhalten geblieben, der,
obwohl unvollendet, zu einem der schönsten im gesamten Oberrheingebiet zählt.

123 Salzhaus; in Wissembourgs Altstadt stehen viele sehens-
werte alte Häuser, die man am besten auf einem Spaziergang oder auf einer entspannten Fahrt mit dem Stadt-
bähnchen entdecken sollte. Das Grenzlandbähnchen
kann man schon am Deutschen Weintor besteigen und

sich so den »mörderischen Fußmarsch« über die Grenze sparen. Man wird bequem an allen wichtigen Gebäuden vorbeikutschiert und bekommt außerdem noch in Deutsch, Französisch und Englisch alles Wissenswerte erklärt. Selbstverständlich wird auch auf das aus dem 15. Jahrhundert stammende Salzhaus/Maison du Sel hingewiesen, dessen auffallend gestaltetes Dach ein wenig wirkt, als ob es die Last der Jahrhunderte kaum noch zu tragen weiß. Das Haus wurde zwar 1450 als Hospital erbaut, fungierte aber in späterer Zeit als Salzspeicher und Schlachthaus.

124 Stadtmauer (Promenade des Remparts); Wissembourgs Altstadt ist bis heute in drei Himmelsrichtungen von den Resten einer alten Verteidigungsanlage umschlossen, die gleichzeitig den nördlichen Ausgangspunkt der »Romanischen Straße« bildet, die im Elsass zu Orten mit Bauwerken aus der Romanik führt. Von der alten Verteidigungsanlage sind nur noch wenige Türme erhalten, wie der Tour de la Poudrière. Es lohnt sich, die Gesamtlänge der Anlage entlangzuschlendern und sich dabei von den Informationstafeln (in mehreren Sprachen verfasst) alles Wissenswerte über die Geschichte des Ortes und seiner Baudenkmäler erzählen zu lassen. Da die Wallanlagen an einigen Stellen parkähnlich angelegt wurden, ist dies auch ein guter Platz für ein Picknick. Auf jeden Fall sollte man etwa eine Stunde für einen ausgiebigen Besuch einplanen.

125 Deutsches Weintor; wer den Jakobsweg nicht von Bad Bergzabern aus, sondern aus der entgegengesetzten Richtung entlangpilgert, wird sofort nach der Grenze von weiten Rebenflächen begrüßt. Kein Wunder also, dass das Deutsche Weintor in Schweigen steht, dem ersten Dorf, welches man nach der Grenze passiert. Es wurde am 18./19. Oktober 1935 eingeweiht und markiert seitdem den Beginn der »Deutschen Weinstraße«. Am Tag der Einweihung bestand das Tor noch aus Holz, aber bereits ein Jahr später, am 18. Oktober 1936, war das Provisorium durch die heutige steinerne Version ersetzt worden. www.weintor.de